Une Église qui s’appauvrit

MARC GIRARD • RENÉ GUAY
EMMETT JOHNS • DENISE LAMARCHE

Une Église qui s'appauvrit

Drame ou ouverture d'avenir?

FIDES

Données de catalogage avant publication (Canada)

Vedette principale au titre :

Une Église qui s'appauvrit : drame ou ouverture d'avenir ?

(Collection Vivre sa foi)
Comprend des réf. bibliogr.

ISBN 2-7621-2066-7

1. Renouveau de l'Église - Église catholique.
2. Mission de l'Église.
3. Pauvreté - Aspect religieux - Église catholique.
4. Parole de Dieu (Théologie).
5. Expérience (Religion)
I. Girard, Marc, 1945- . Collection.

BV600.2.E34 1999 262'.0017 C98-941591-0

Dépôt légal : 1er trimestre 1999
Bibliothèque nationale du Québec

Les Éditions Fides remercient le ministère du Patrimoine canadien du soutien qui leur est accordé dans le cadre du Programme d'aide au développement de l'industrie de l'édition. Les Éditions Fides remercient également le Conseil des Arts du Canada et la Société de développement des entreprises culturelles du Québec (SODEC).

Avant-propos

En janvier 1997, à l'occasion de leur retraite annuelle, les évêques du Québec se mettaient à l'apprentissage de la démarche du discernement spirituel. Ils étaient guidés dans cette expérience par Monsieur Marc Girard et Monsieur René Guay, tous deux prêtres du diocèse de Chicoutimi. Quelques mois plus tard, Monsieur Girard, à la demande de plusieurs évêques, publiait ses notes de retraite sous le titre : *La mission de l'Église au tournant de l'an 2000.*

Les personnes qui ont pu lire cet ouvrage invitant à la réflexion, à la méditation et à la prière seront fort heureuses de plonger dans cette nouvelle publication. Elle présente le contenu de la session vécue par les évêques et une soixantaine de leurs proches collaborateurs et collaboratrices en mars 1998. Dans cette session, les participants et les participantes ont pu entrevoir les fruits que promet le discernement spirituel, mais ils ont aussi expérimenté les difficultés que comporte cette manière de lire la réalité quand on veut le faire en grand groupe. Bien des questions ont été soulevées à propos de la « méthode ». Pour répondre à ces questions et pour aider les lecteurs et lectrices à se familiariser avec le discernement spirituel, on a heureusement introduit en fin de volume un chapitre plus technique qui intéressera certainement ceux et celles qui veulent en savoir plus sur cette démarche.

Ce petit livre est le fruit d'un travail de collaboration. Messieurs Marc Girard et René Guay, Sœur Denise Lamarche, C.N.D. et Monsieur Emmett Johns, prêtre du diocèse de Montréal ont partagé le travail de conception et de rédaction. À tous les quatre, je dis un merci très sincère au nom de toutes les Églises du Québec. Et à tous les lecteurs et lectrices, je souhaite un bon moment de lecture, de méditation et de prière.

† Pierre Morissette
Président de l'Assemblée des évêques du Québec

Introduction

MARC GIRARD

AU TOURNANT DE L'AN 2000, ce n'est peut-être pas un luxe pour notre Église de se regarder un peu dans le miroir. Elle y verrait jusqu'à quel point elle reflète la lumière de Dieu, l'espérance, le visage et le projet de Dieu. D'un autre côté, il serait bon aussi que notre Église se regarde dans le miroir pour voir si elle n'aurait pas, par hasard, une couette de travers, une cicatrice, une ride de trop, ou les yeux cernés par la fatigue !

Quel miroir convient-il d'utiliser ? En priorité, celui de la Parole de Dieu. On s'aperçoit que la Bible, comme une espèce de télescope Hubble, nous renvoie une multitude d'images saisissantes de ce que nous sommes, en positif comme en négatif.

C'est un peu dans ce sens-là qu'en janvier 1997, les évêques du Québec ont entrepris ensemble une démarche de préparation au discernement spirituel. Le train est donc déjà parti. C'était — et cela reste toujours — un train panoramique, qui s'ouvre sur de multiples paysages, un peu comme, il y a quelques années dans les montagnes de Charlevoix, le petit train qu'on appelait le « Tortillard » !

Notre train à nous fera-t-il banqueroute ? Je n'en sais rien. Toujours est-il qu'il est rendu cette année à sa deuxième station, et qu'il a pris à son bord une soixantaine de voyageurs supplémentaires. En effet, pour donner suite à la retraite de 1997, l'exécutif de l'Assemblée des Évêques a demandé qu'on organise une session spéciale, dans le cadre de la réunion plénière de mars 1998. Aux évêques pourraient alors se joindre les collaborateurs et collaboratrices immédiats (vicaires généraux, coordonnatrices et coordonnateurs de pastorale d'ensemble), ainsi que quelques responsables de formation des agents de pastorale laïques ; à la dernière minute, le comité épiscopal de théologie a suggéré qu'on invite, en plus, les doyens ou directeurs de facultés et départements de théologie.

Les nouveaux arrivants ont-ils perdu quelque chose, en montant à bord du train au deuxième arrêt seulement ? Pas vraiment, puisqu'ils peuvent refaire à volonté la partie manquante du voyage en s'aidant d'une espèce de guide imprimé. En effet, le contenu complet de la retraite de 1997 vient d'être publié en un volume[1] : un livre aux couleurs de l'espérance, mais qui n'a pas du tout la prétention d'être un « livre vert », au sens politique du terme !

Pour la session de 1998, la méthode est restée passablement la même que lors de la retraite. À vrai dire, on en est encore, en la matière, au stade expérimental. Mais le contenu, cette fois-ci, est forcément plus limité. L'exécutif de l'Assemblée des Évêques a proposé, comme thème de réflexion et de prière, la situation d'appauvrissement de notre Église en matière de personnel et de ressources : pas du tout dans une perspective pessimiste et alarmiste, mais, tout au contraire, dans un horizon d'espérance évangélique. Au comité sur l'avenir des communautés chrétiennes, on a convenu d'utiliser, comme grille biblique, l'évangile de Luc, celui de l'année liturgique en cours. Mais au-delà de cette coïncidence pratique, on s'est rendu compte après coup qu'on pouvait difficilement faire un meilleur choix en fonction du thème retenu, puisque Luc, évangéliste des contrastes par excellence, se présente à la fois comme un champion des voies spirituelles et un promoteur radical de la Bonne Nouvelle à annoncer aux pauvres[2].

1. Marc Girard, *La mission de l'Église au tournant de l'an 2000. Un chemin de discernement basé sur la Parole de Dieu — Retraite aux Évêques du Québec*, Montréal-Paris, Médiaspaul, 1997, 312 pages.
2. Voir, à ce propos, Marc Girard, *De Luc à Théophile. Un évangile fait sur mesure pour notre temps*, Montréal-Paris, Médiaspaul, 1997, 360 pages.

Le petit volume que le lecteur tient présentement en main vise à reconstituer, en gros, le contenu de la session déjà vécue. De la sorte, si jamais le train en marche s'arrêtait, plus tard, à une troisième station, les personnes et les groupes intéressés à se joindre aux voyageurs de la première heure pourraient le faire sans préjudice majeur.

Pour le moment, nous en sommes encore à une phase de « prédiscernement ». Autrement dit, nous ne poursuivons rien d'autre qu'un objectif de mise en route : sensibiliser les leaders et les responsables de communautés chrétiennes à l'importance d'un discernement spirituel qualifié concernant le présent et l'avenir de l'Église établie chez nous. Bref, nous nous trouvons seulement, à ce stade-ci, en période de préparation, de réchauffement, de rodage des moteurs de la locomotive.

Comme de mise dans une démarche de discernement — même préliminaire —, la session de mars dernier s'est vécue dans un contexte de recherche spirituelle profonde. Nous avons construit le projet autour de quatre pôles : toujours un point de départ d'expérience vécue ; puis, la proclamation d'une Parole de Dieu, assortie d'un commentaire actualisé ; ensuite, un temps de prière et de discernement personnels d'une cinquantaine de minutes ; enfin, des activités de partage des fruits cueillis dans la prière (carrefours d'écoute en petits groupes, puis remontées en grand groupe, dans le cadre des célébrations[3]).

Dans le petit livre qu'il tient en main, le lecteur pourra s'approprier, à sa manière et à son rythme, les contenus préparés d'avance pour la session. Mais non pas les fruits concrets que nous avons pu déguster dans les partages communautaires au fur et à mesure que l'expérience se déroulait. En un sens, cette limite est malheureuse : nous avons regretté, un moment, de n'avoir pas laissé ouvert quelque microphone indiscret qui eût pu immortaliser un certain nombre de ravissantes « surprises sur prise » ! Mais nous nous sommes vite ravisés, au point de finir par trouver cette lacune, au fond, fort avantageuse : en effet, plutôt que de fournir au lecteur — individu et/ou communauté — un menu « réchauffé », ne vaut-il pas mieux le lancer lui-même sur la piste d'une expérience spirituelle inédite pour qu'il fasse lui-même son propre cheminement ? Telle est l'option qui nous est restée, par défaut, certes, mais aussi... par bonheur ! Ainsi, la porte demeure grande ouverte aux libres surprises de l'invisible et imprévisible Vent de Dieu !

3. Le lecteur qui veut en savoir plus sur la méthode et le fonctionnement n'aura qu'à consulter le livre *La mission de l'Église au tournant de l'an 2000*, en particulier p. 289-291.

CHAPITRE I

Face à des culs-de-sac

Un premier tour d'horizon

DENISE LAMARCHE

Plus d'une fois, en cette fin du vingtième siècle et donc du deuxième millénaire, il nous arrive d'entendre ou d'énoncer des constats de grandes difficultés sinon d'échec. Cela se vérifie en ce qui concerne la vie familiale, économique, politique, sociale. Cela s'avère tout autant en ce qui concerne la vie de l'Église et l'exercice de sa mission.

Pourtant, au milieu du vingtième siècle, Vatican II avait encouragé tous les espoirs. Il avait invité à « oser l'Évangile » au cœur « des joies et des espoirs, des tristesses et des angoisses des humains de notre temps[1] ». Ce Concile dit pastoral prenait parti pour toute personne de bonne volonté, respectant son droit à la liberté religieuse ; il redonnait leur place aux sœurs et aux frères des autres Églises chrétiennes ; il encourageait les laïcs à participer à la mission en vertu de

1. *Gaudium et spes*, art. 1.

leur baptême, attestant leur authentique participation à la triple fonction : royale, orientée à l'élaboration de la justice et de la charité ; prophétique, orientée à l'annonce et à la croissance de la foi ; sacerdotale, orientée à la conservation et à la béatitude de l'espérance. Avec ses constitutions, ses décrets et ses déclarations, Vatican II annonçait une Église « peuple de Dieu en marche[2] », une Église « sacrement de salut pour tout le genre humain[3] » mais aussi une « Église servante et pauvre[4] » qui savait se reconnaître à la fois « sainte et pécheresse[5] ». Oui, tous les espoirs étaient permis : l'Église « dépoussiérée[6] » allait être le véritable corps du Christ. Lui seul allait être sa Tête. Et où la tête va, il faut bien que le corps aille aussi.

Il n'y a pas encore quarante ans, une certaine euphorie gagnait les chrétiennes et les chrétiens du Québec comme, probablement, de partout dans le monde. Aujourd'hui, ces baptisés, de même que leurs pasteurs, constatent que les fruits du Concile n'ont pas encore répondu à la promesse des fleurs. Dans l'exercice de leur ministère d'évêques, de prêtres, de diacres,

2. Voir en particulier la Constitution *Lumen gentium*, chapitres 2 et 7.
3. *Ibid.*, art. 1.
4. Ce sont là les grandes caractéristiques d'une Église entièrement ministérielle et missionnaire.
5. *Lumen gentium*, art. 8.
6. On reconnaît l'image suggestive utilisée par Jean XXIII.

d'agentes et d'agents de pastorale, tous sont conscients de la problématique ecclésiale actuelle :

- Les églises sont souvent presque désertes ; les rassemblements les plus nombreux relèvent d'une certaine nostalgie des Noëls d'antan ou encore d'un événement qui rassemble autour de nouveaux mariés ou d'une personne défunte ; rares, très rares, sont les jeunes adultes, les adolescents, les enfants qui participent avec une certaine assiduité et une certaine régularité à la liturgie dominicale.
- Les sacrements sont souvent célébrés sans que la demande soit aussi sérieuse qu'on le souhaiterait ; sans que la foi des demandeurs soit véritablement celle de l'Église ; sans que la communauté soit véritablement présente ; sans que le sens du rite soit bien saisi.
- Le baptême, la première participation à l'eucharistie et au rite de la communion, la confirmation sont souvent réduits à des rites sociaux de passage ; bien des parents n'éveillent pas la foi de leurs enfants après les avoir fait baptiser ; la première communion coïncide souvent avec la dernière ; après la confirmation, plusieurs cessent toute participation à la vie liturgique pour ne pas dire ecclésiale.
- Les personnes qui, d'une manière ou d'une autre, participent à la vie de la communauté chrétienne

sont, la plupart du temps, entrées dans la deuxième moitié ou dans le troisième quart de leur vie ; peu de jeunes consacrent leurs énergies et leurs talents à la participation à certains conseils, comités ou groupes dont la paroisse a pourtant besoin pour vivre et accomplir sa mission.

- Comme le membership, le presbyterium est vieillissant ; dans plusieurs diocèses, il s'écoule un bon nombre d'années sans que l'évêque ait la joie d'ordonner un seul nouveau prêtre ; les jeunes qui souhaitent le devenir partent souvent de si loin qu'ils demandent un accompagnement et une formation de très longue durée.
- La vie consacrée ne semble plus séduire les jeunes ; les congrégations traditionnelles cherchent désespérément à s'adapter à l'aujourd'hui du monde et sont déstabilisées dans leurs modes de vie, tant communautaires que missionnaires ; certains instituts dits nouveaux n'ont duré qu'un moment.
- Des normes, des règles, des lois paralysent la vie et, même, l'étouffent ; il y a crise de l'autorité dans l'Église, crise de conscience aussi ; crise du jugement moral, de l'agir moral ; il n'est pas facile d'apprendre les chemins de la liberté évangélique ; nombreuses sont les personnes qui souffrent des décisions d'exclure de certains services et ministères des femmes et des hommes mariés et, de la célébration

plénière des sacrements, des personnes divorcées réengagées, celles dites « en situation difficile, marginale, irrégulière ».

- Les difficultés financières sont nombreuses ; des diocèses ne peuvent embaucher le personnel pastoral requis pour une animation de qualité, ce qui pourrait aider à sortir des sentiers battus ; des paroisses sont réduites à licencier des agentes ou des agents de pastorale ou encore à réduire leur temps d'embauche faute de fonds pour les rémunérer ; des marguilliers s'inquiètent de l'avenir de la fabrique ; il arrive qu'on envisage de fermer des lieux de culte…

Ces constatations, ces culs-de-sac n'empêchent pourtant pas les évêques, leurs collaboratrices et leurs collaborateurs de reconnaître la mission confiée au peuple de Dieu. L'Église est dans le monde pour y annoncer l'Évangile. Cette mission, elle veut l'honorer en fidélité à son Seigneur selon diverses manières. Les quatre grandes dimensions de la mission ecclésiale, si connues soient-elles, méritent d'être rappelées :

- Il revient d'abord à l'Église d'annoncer explicitement la Parole pour que des personnes l'accueillent et naissent à cette foi où elles grandiront ensuite dans un processus de conversion à Jésus Christ, lui-même Parole incarnée en notre humanité. Parce que communautaire, l'Église, à l'exemple des disciples, se doit d'être avec Jésus ; parce que missionnaire, elle doit se laisser pousser vers le monde en lui portant la Nouvelle toujours bonne de l'amour indéfectible de Dieu pour toute personne, pour tout groupe, pour tout peuple. Elle reprend ainsi à son compte ce qui est révélé dans l'Évangile évoquant l'institution des Douze : « Il les choisit pour être avec lui et pour les envoyer prêcher l'Évangile » (*Marc* 3,14).

- La deuxième dimension de la mission confiée à l'Église est véritablement le témoignage d'une vie fraternelle selon les valeurs promues par l'Évangile. Peuple de sœurs et de frères, chrétiennes et chrétiens doivent assumer la responsabilité de se garder les uns les autres dans les liens de l'amour. Le respect mutuel qu'ils se portent, le partage de leurs biens, le soutien dans les efforts de conversion, la correction fraternelle, le pardon des offenses sont au nombre de ces défis qu'ils sont appelés à relever. Parce que communautaire, l'Église, à l'écoute du commandement de Jésus à cette heure suprême du don de sa vie, doit progresser dans la fidélité au « comme je vous ai aimés, aimez-vous les uns les autres » *(Jean* 13,34). Parce que missionnaire, elle fait de cet amour le signe auquel « tous reconnaîtront » qu'elle est communauté de disciples du Christ (*Jean* 13,35).

- L'engagement des baptisés au cœur du monde est une autre dimension de la mission ecclésiale. L'Église doit au Seigneur de tout l'univers de favoriser l'élaboration des rapports de la justice, de la paix, de la concorde entre les humains. Elle lui doit aussi de participer à l'intendance de la création en vue de la réalisation du grand projet de Dieu : la beauté du monde et le bonheur des femmes, des hommes, des enfants de toute la terre. Parce que communautaire, l'Église « se montrant fidèle à l'enseignement des apôtres » (*Actes* 2,42) ne peut qu'agir à la manière de Jésus. Parce que missionnaire, elle se sait envoyée « pour porter la Bonne Nouvelle aux pauvres, annoncer aux captifs la délivrance et aux aveugles le retour à la vue, renvoyer en liberté les opprimés [...] » (*Luc* 4,18).

- La mission de l'Église, c'est aussi de se rassembler devant Dieu pour le célébrer dans la prière et les sacrements. Parce que communautaire, c'est dans son union intime au Seigneur Jésus et poussée par l'Esprit qu'elle s'adresse au Père. Parce que missionnaire, elle porte le monde dans sa prière. Ainsi, elle fait devant Dieu, et pour lui, fête de mémoire quand l'histoire se bâtit, fête d'action de grâce quand la joie fleurit, fête d'espérance quand la souffrance blesse, fête de résurrection quand le deuil accable.

La mission est vaste, comme abondante est la moisson. Mais est-il possible de l'accomplir ? L'Église d'aujourd'hui serait-elle le Zacharie de Luc qui, à l'annonce de sa prochaine paternité, demandait : « À quoi connaîtrai-je cela ? » (*Luc* 1,18) Serait-elle la Marie du même évangile qui, apprenant qu'elle allait porter le Verbe de Dieu en son sein de jeune fille, questionnait : « Comment cela sera-t-il ? » (*Luc* 1,34) Chrétiennes et chrétiens — y compris les pasteurs — reprennent à leur compte ces questionnements du vieillard et de la jeune femme de Nazareth. Mission difficile ! Voire impossible, se disent-ils parfois. Nous sommes devant de tels culs-de-sac…

PREMIER REGARD

Quels sont les plus grands défis, les culs-de-sac
auxquels notre communauté chrétienne,
ou notre Église diocésaine
doit faire face, aujourd'hui ?

Quels sont les appauvrissements
vécus par notre Église
et qui nous portent à dire :
« Mission difficile » ou « Mission impossible » ?

Qu'est-ce qui rend particulièrement difficiles

• la croissance des jeunes
et des adultes dans la foi ?
• la vie fraternelle selon
les valeurs promues par l'Évangile ?
• l'engagement des baptisés au cœur du monde ?
• la célébration du Seigneur
dans la prière et les sacrements ?

CHAPITRE II

Un choix à faire

Une Église qui cherche des signes ?
Ou une Église ouverte à l'œuvre de Dieu ?

MARC GIRARD

Proclamation

Le modèle « Zacharie » ou une Église qui cherche des signes (*Luc* 1,5-22)

5 Aux jours d'Hérode, roi de la Judée, il y eut un
prêtre du nom de Zacharie, du clan d'Abias ; sa
femme aussi faisait partie des filles d'Aaron, et son
nom était Élisabeth. 6 Tous les deux, ils étaient justes
devant Dieu : irréprochables, ils marchaient selon
tous les commandements et préceptes du Seigneur. 7
Mais ils n'avaient pas d'enfant, parce qu'Élisabeth
était stérile et tous les deux étaient avancés en âge. 8
Or, il arriva ceci, tandis qu'il officiait comme prêtre
devant Dieu — c'était le tour de son clan — : 9 selon
la coutume des prêtres, il fut désigné par le sort pour
entrer dans le temple du Seigneur et offrir l'encens. 10
Toute la foule du peuple était en train de prier
dehors, au moment de l'offrande de l'encens. 11 Or,
un ange du Seigneur lui apparut : il se tenait debout,

à droite de l'autel de l'encens. [12] Zacharie fut bouleversé en le voyant, et la peur tomba sur lui. [13] L'ange lui dit :

> « N'aie pas peur, Zacharie ; car ta supplication a été écoutée. Ta femme Élisabeth va t'engendrer un fils, et tu l'appelleras du nom de Jean. [14] Il sera pour toi joie et allégresse, et beaucoup se réjouiront de sa naissance. [15] En effet, il sera grand devant le Seigneur ; il ne boira ni vin ni alcool ; il sera rempli d'un Souffle saint dès le ventre de sa mère ; [16] il ramènera beaucoup des fils d'Israël vers le Seigneur leur Dieu ; [17] et lui-même, il marchera devant le Seigneur dans le souffle et la puissance d'Élie, pour ramener les cœurs des pères vers les enfants et les [esprits] rebelles à une mentalité de justes, pour préparer au Seigneur un peuple [bien] équipé. »

[18] Zacharie dit à l'ange :

> « À quoi connaîtrai-je cela ? Moi, en effet, je suis un vieux et ma femme est avancée en âge. »

[19] En guise de réponse, l'ange lui dit :

> « Moi, je suis Gabriel, celui qui se tient tout près, devant Dieu. J'ai été envoyé pour te parler et t'annoncer ces bonnes nouvelles. [20] Mais voici que tu seras réduit au silence et incapable de

> parler, jusqu'aux jours où ces choses arriveront, puisque tu n'as pas cru à mes paroles, qui s'accompliront en leur temps. »

[21] Le peuple était en train d'attendre Zacharie ; eux,
ils s'étonnaient de ce qu'il prenne autant de temps
dans le temple. [22] Une fois sorti, il ne pouvait plus
leur parler ; ils reconnurent ainsi qu'il avait vu une
vision dans le temple ; lui, il était en train de leur
faire des signes, et il restait muet.

Le modèle « Marie »
ou une Église ouverte à l'œuvre de Dieu
(*Luc* 1, 26-38)

[26] Au sixième mois, l'ange Gabriel fut envoyé par
Dieu dans une ville de la Galilée du nom de
Nazareth, [27] auprès d'une vierge promise en
mariage à un homme du nom de Joseph, de la
maison de David ; et le nom de la vierge était
Marie. [28] Entré auprès d'elle, il lui dit :

> « Réjouis-toi, toi qui commences à être objet de gratuité, le Seigneur [est] avec toi. »

[29] Elle, à cette parole, fut bouleversée de part en
part, et elle se demandait [bien] quelle sorte de
salutation c'était. [30] Mais l'ange lui dit :

« N'aie pas peur, Marie ; en effet, tu as trouvé de
la gratuité auprès de Dieu. 31 Voici : tu vas rece-
voir dans le ventre et enfanter un fils ; tu l'ap-
pelleras du nom de Jésus. 32 Lui, il sera grand ; il
sera appelé fils du Très-Haut ; le Seigneur Dieu
lui donnera le trône de David son père ; 33 il
régnera sur la maison de Jacob pour les siècles ; à
son règne, il n'y aura pas de fin. »

34 Marie dit à l'ange :

« Comment cela sera-t-il, puisque l'homme, je ne [le] connais pas ? »

35 En guise de réponse, l'ange lui dit :

« Un Souffle saint viendra sur toi, une puissance
du Très-Haut te couvrira d'ombre. C'est pour-
quoi ce qui a commencé à être engendré, un
[être] saint, sera appelé fils de Dieu. 36 Or, voici :
Élisabeth, ta cousine, elle aussi a reçu un fils
dans sa vieillesse, et c'est déjà le sixième [mois]
pour elle, qu'on appelait stérile ! 37 Car, auprès de
Dieu, aucune Parole ne sera sans puissance. »

38 Marie dit :

« Voici la servante du Seigneur ; que [tout] devienne pour moi selon ta Parole. »

Et l'ange s'en alla d'auprès d'elle.

Commentaire

L'Église — c'est devenu un truisme de le dire — a dorénavant à vivre sa mission dans un monde éclaté, en pleine transformation. On cherche donc, tout naturellement, un ou des modèles d'Église qui soient le mieux possible adaptés aux exigences de notre temps et aux aspirations profondes de nos contemporains ; pour y arriver, on a avantage à recourir aux sciences humaines. Dans une optique de discernement spirituel, on procède tout autrement ; on est plutôt amené à se demander : au juste, quel type d'Église le Seigneur veut-il, favorise-t-il, au cœur même du monde actuel ? D'où la nécessité d'interroger d'une manière renouvelée le livre de la Parole.

Deux modèles distincts : Zacharie et Marie

D'entrée de jeu, nous allons essayer de discerner nos propres traits, comme Église, dans les deux premières figures-miroirs que nous présente l'évangile de Luc : le vieux Zacharie et la toute jeune Marie.

Les deux textes, on le sait, sont des récits de vocation, et ils se ressemblent comme deux gouttes d'eau : l'un et l'autre envisagent conjointement, d'un même coup d'œil, la vocation du parent et celle de l'enfant (d'abord, le trio Zacharie-Élisabeth-Jean-Baptiste, puis le duo Marie-Jésus). De la même manière, notre vocation personnelle est liée essentiellement à celle de l'Église-mère : au fond, notre mission s'identifie toujours de près à celle de l'Église...

Le principal contraste entre les deux modèles

Les deux récits se ressemblent comme deux gouttes d'eau. Mais quand on compare des gouttes d'eau ou des cristaux de neige à travers un microscope électronique, on se rend compte tout de suite du fait qu'ils sont très différents l'un de l'autre. Chacun a, pour ainsi dire, sa forme particulière, unique. De la même façon, nos deux figures-miroirs, Zacharie et Marie, représentent chacun un modèle d'Église. Et, une fois qu'on a bien saisi l'un et l'autre, on est mieux placé pour procéder à un discernement spirituel, de manière à cibler celui des deux modèles qui est — disons — le plus « rentable » pour notre Église au tournant de l'an 2000.

Entre les deux modèles, il y a des points communs. Les deux personnages reçoivent une visite surprise : exactement le même messager, à six mois d'intervalle. Les deux appelés réagissent : ils sont « bouleversés », Marie, même, encore plus que Zacharie (« bouleversée de part en part »). Dans les deux cas, le visiteur inattendu vient annoncer du nouveau : une naissance...

Entre le modèle « Zacharie » et le modèle « Marie », on note des différences. Commençons par les différences superficielles. Le premier personnage est un homme, un vieux, un prêtre de naissance et de métier qu'on retrouve dans le lieu sacré. L'autre personnage est une très jeune femme, presque une adolescente, et on la trouve dans sa maison, donc, dans un lieu profane.

Mais ne nous attardons pas à ces détails. Arrêtons-nous sur un seul point, le plus fécond pour notre propos. Il s'agit d'un contraste, un contraste entre la réaction des deux personnages, Zacharie et Marie, face à l'avenir qui se dessine devant eux. On comprendra facilement pourquoi il est utile de nous concentrer là-dessus : devant nous aussi s'ouvre un avenir — ce que nous pouvons risquer d'appeler « la Terre promise de l'an 2000[1] ». Quelle est notre propre réaction face à l'avenir immédiat que le Seigneur trace pour son Église, chez nous ?

Comparons, la réaction des deux futurs parents. Zacharie dit : « À quoi connaîtrai-je cela ? » Marie, elle, dit : « Comment cela sera-t-il ? » La différence saute aux yeux !

Zacharie part de lui-même. Il reste complètement centré sur son moi — on devrait même dire bloqué, « pris » avec son ego — : le « cela » de l'œuvre de Dieu vient au second rang ; le « cela » est subordonné à son

1. Voir *La mission de l'Église au tournant de l'an 2000*, p. 266-271.

« je ». Une seule chose compte pour lui : sa propre connaissance, son savoir. Au fond, devant l'invraisemblable, il réagit en réclamant un signe. Pourquoi ? « Je suis vieux et ma femme est avancée en âge. » Littéralement : « avancée dans ses jours ». Tellement avancée dans ses jours qu'elle n'a même plus ses « mois », comme on dit en langage populaire ! « *Je* suis vieux et *ma* femme est avancée en âge. » Toujours le « je » et, en plus, vis-à-vis d'Élisabeth, le pronom possessif !

Marie, au contraire, part de l'œuvre de Dieu : « Comment cela sera-t-il ? » Aucun « je » ; rien, sinon une ouverture totale — ouverture au mystère, ouverture à l'avenir, ouverture au « service de la Parole », comme elle l'affirmera à la toute fin (voir v. 38). Zacharie s'inquiétait, au départ, de son propre « connaître ». Marie, elle aussi, emploie le verbe « connaître », mais seulement en second lieu, dans une proposition subordonnée : « puisque [l']homme, je ne [le] connais pas ». Ce n'est pas sa connaissance future qui la préoccupe, mais plutôt sa non-connaissance actuelle — au sens bien biblique d'absence de relations sexuelles, comme tout le monde le sait. Et — détail remarquable —, alors que Zacharie disait carrément « ma femme », Marie, elle, dit simplement « homme », sans pronom possessif, et même sans article, dans le texte original ! Pour elle, le moi ne compte plus ; elle se fait « servante », « les yeux » complètement « tournés vers la main de son Maître », comme dit le psaume (*Ps* 123,2), ouverte et totalement attentive à la « Parole » de Dieu.

Soulignons et observons un dernier détail, à propos des signes.

Nous avons vu que Zacharie, en posant sa question (« à quoi connaîtrai-je cela ? »), exige implicitement un signe. En fait, le signe lui est donné tout de suite : il perd l'usage de la parole. Comme on dit en langage médical, il est frappé d'aphasie, due à une espèce d'ACV spirituel — traduisons, pour les besoins de la cause : un « *A*cte de *C*onfiance *V*acillante » ! Ironie du sort, celui qui réclamait un signe est tout de suite réduit à « faire des signes » pour se faire comprendre de la foule étonnée (voir v. 22). De manière semblable, plus tard, « lorsque l'enfant paraît » — si on me permet de voler le titre d'une comédie d'André Roussin —, l'évangile nous dit que « le voisinage et la parenté » sont obligés de « faire des signes » à Zacharie pour obtenir son accord sur le nom à donner à l'enfant (voir *Luc* 2,58-63).

Marie, tout au contraire, ne demande pas de signe. Elle sent, elle sait que l'œuvre de Dieu va s'accomplir. Elle risque seulement une question de curiosité bien naturelle : « Comment ? » Une question à laquelle l'ange Gabriel ne donnera pas une réponse claire comme de l'eau de roche, puisqu'il se contente de ramener Marie à l'action du « Souffle » d'en haut et à l'« ombre » du mystère. Mais Dieu, lui, sait bien que nous, les humains, nous avons toujours besoin de confirmation ; c'est pourquoi, à celle qui n'a pas réclamé de signe, un signe va être donné, un signe à vérifier par la suite : « Voici qu'Élisabeth, ta cousine... »

Tentative d'application actuelle

Maintenant, essayons d'appliquer les deux modèles à aujourd'hui. En fait, deux questions pourraient se poser, dans une perspective de discernement.

Une première question fait plutôt référence au regard à porter sur la situation présente. Notre Église, actuellement au Québec, se rapproche-t-elle plus du modèle « Zacharie » ou du modèle « Marie » ?

L'autre question esquissée plus haut relève plutôt d'une orientation à prendre — ou à consolider —, dans la perspective de l'avenir qui nous attend au confluent de deux millénaires et, apparemment, de deux civilisations, l'une ancienne, l'autre nouvelle et encore tout à définir. Lequel des deux modèles pourrait être le plus « rentable », une fois que nous serons bien établis dans la « Terre promise de l'an 2000 » ?

Une Église de type « Zacharie »

Examinons d'abord le visage d'une Église qui se reconnaîtrait dans la figure-miroir de Zacharie. Au moins cinq traits se dessinent assez nettement.

1. Essentiellement, une Église de type « Zacharie », c'est une Église sacerdotale, qui sert au Temple, dans l'espace sacré, c'est-à-dire un peuple de baptisés qui constitue « un sacerdoce saint, pour présenter des offrandes spirituelles bien accueillies de Dieu », comme saint Pierre l'affirme en toutes lettres (*1 Pierre* 2,5.9) ; justement, dans notre récit d'apparition, pendant que le prêtre désigné « offre l'encens », « la multitude du peuple est là dehors, en train de prier » (*Luc* 1,10). À l'image de Zacharie et de sa femme, cette Église-là est fidèle, « juste devant Dieu », peut-être même « irréprochable » à certains égards, en ce sens qu'elle cherche à agir correctement, selon l'Évangile, qu'elle fait tout son possible pour « marcher selon tous les commandements et préceptes du Seigneur » (1,6).
2. Mais il faut aussi être concret ! Un peu comme Élisabeth et Zacharie, par les temps qui courent, notre Église a l'air d'avoir des troubles de fécondité (1,7) ; comme dans le récit, « la multitude du peuple est là, en dehors » du Temple ; mais, de nos jours, on a de la peine à croire que la foule de nos gens « est en train de prier » (1,10) ! Dans notre Église, Zacharie le prêtre a pris de l'âge, et sa femme — disons l'Église — paraît elle aussi pas mal « avancée dans ses jours » (1,7), au point que l'ovulation est difficile — en tout cas, plus difficile qu'autrefois.

3. Malgré tout, cette Église-là conserve une certaine capacité d'engendrer — d'engendrer, sinon le Christ directement, du moins l'entre-deux, le précurseur, l'ascète, le prophète capable de « ramener beaucoup des fils d'Israël », de rallier, d'unir les générations et de « préparer au Seigneur un peuple [bien] équipé » pour ce qui s'en vient (1,17).
4. Depuis un moment, nous évoquons l'Église servante au Temple. Le pire danger auquel cette Église-là pourrait être exposée, c'est, à l'image de Zacharie, celui de douter : « À quoi connaîtrai-je ? » (1,18) Danger de repli, de recroquevillement sur soi. Une Église trop centrée sur son savoir va chercher fébrilement à recenser ses troupes, comme autrefois le roi David (voir 2 *Samuel* 24,1-25), elle va chercher toutes sortes de réponses — bien légitimes, évidemment — du côté des sciences humaines, de la théologie pratique et des études pastorales un peu techniques. Mais si elle fait de tout cela le centre de ses préoccupations et l'unique moteur de toutes ses stratégies d'action, à la longue, elle risque de se retrouver, comme Zacharie, « ramenée au silence, incapable de parler » (1,20). Autrement dit, sa parole pourrait finir par résonner dans le vide, dans un monde qui ne voudrait plus rien savoir de ses discours, de ses principes et de ses plans. Ainsi acculée à une sorte de mutisme ou de langage marginal par rapport au monde, elle serait

réduite « à faire des signes » (1,22) — entendons ici, peut-être, l'exécution des opérations purement internes de la pastorale courante, y compris, bien entendu, les signes sacramentels proprement dits. On rejoint par là un bon nombre des intuitions de la retraite des évêques de 1997.

5. Allons-y d'une dernière remarque. Neuf mois plus tard, quand le bébé vient au monde, Zacharie recouvre l'usage de la parole (avec un petit p). Mais entre temps, on se rend compte qu'il a ouvert le livre de la Parole (avec un grand P) : le vieil homme a mûri, s'est assagi, il a approfondi considérablement le sens des événements et de l'histoire. Rien de mieux qu'une bonne période d'aphasie pour s'adonner au discernement spirituel sur une base d'Écritures saintes ! En effet, une fois guéri, Zacharie consacre ses premiers mots à un long cantique de louange — qui, soit dit en passant, nous réveille encore tous les matins après vingt siècles —, un psaume qui dénote une profonde assimilation de l'héritage biblique : c'est en redécouvrant la promesse faite à Abraham puis à David, et transmise de siècle en siècle par les prophètes (1,68-75), que le vieillard, convaincu d'être devenu « stérile » (voir 1,7), a été capable de discerner, dans son propre vécu à lui, une ouverture d'avenir : « Et toi, petit enfant [...], tu marcheras devant, en face du

Seigneur, pour préparer ses routes. » (1,76-79) Pour nous, aujourd'hui, comprenons : les routes prometteuses du troisième millénaire. De même, dans un monde où elle se sent peut-être de plus en plus muselée, dans un monde où son langage et son message passent moins bien la rampe, l'Église chez nous doit se préparer à reprendre la parole en prenant à deux mains, comme Zacharie, le livre de la Parole — le Premier Testament autant que le Second —, de manière à discerner le plus clairement possible, dans l'Esprit saint, ses chemins d'avenir immédiats...

Une Église de type « Marie »

Passons à l'autre figure-miroir : Marie la toute jeune. En se regardant dans le miroir, à quels traits notre Église, au Québec, pourrait-elle y reconnaître son propre visage ?

1. D'abord, par rapport au premier récit, le décor change du tout au tout. On n'est plus dans le Temple, mais à la maison. Une Église de type « Marie » est peut-être davantage une Église domestique qu'une Église sacerdotale. Il s'agit simplement d'accueillir, à « Nazareth », le projet que Dieu concocte amoureusement pour notre temps. Nazareth, c'est notre petit monde à nous, notre gros village, notre Québec tel qu'il se présente concrètement,

avec sa démographie, sa ou ses cultures — y compris les contre cultures —, avec ses festivals populaires aussi bien qu'avec ses crises d'un moment et ses drames plus durables : bref, la maison de Nazareth, c'est un milieu, un environnement humain, fait sur mesure pour nous à l'époque où nous vivons.

2. D'un point de vue plus théologique, une Église de type « Marie », c'est une Église qui se reçoit comme un don gratuit de Dieu. D'ailleurs, c'est à ce prix-là seulement que l'Église peut rester vierge. À l'opposé, on aurait une Église qui essaie de s'engendrer elle-même par des moyens humains, à force d'initiatives et de projets longuement mûris et « songés ». À Zacharie, l'ange Gabriel annonce ceci : « Ta femme... va t'engendrer un fils. » (1,13) Quand il s'adresse à Marie, Gabriel change complètement le verbe : « Tu vas *recevoir dans le ventre* et enfanter un fils. » (1,31) Plus du tout question d'un engendrement naturel. L'acte d'engendrer laisse à peu près toute la place à la puissance humaine du couple —une puissance recouvrée au moins pour un instant ! Au contraire, l'attitude d'accueil passif (« dans le ventre ») laisse à peu près toute la place à la puissance divine. Autrement dit, dans le cas de Marie, le bébé est complètement reçu d'en haut comme un cadeau. Un cadeau gratuit, un don de la loyauté amoureuse de Dieu. C'est pourquoi, par souci de plus grande

fidélité au texte, nous pouvons préférer le mot « gratuité » au mot « grâce » — un terme plus technique et plus abstrait — pour traduire en français les premiers mots du messager céleste : « Réjouis-toi, toi qui commences à être objet de gratuité... » (1,28) Et plus loin : « N'aie pas peur, Marie, tu as trouvé de la gratuité auprès de Dieu. » (1,30)

3. Comme elle se reçoit de Dieu, dans une attitude de totale disponibilité à l'imprévu et aux surprises, une Église du type « Marie » ne se permet pas, comme Zacharie, de douter de l'œuvre de Dieu. Elle tient pour acquis que « cela », l'œuvre de Dieu, va se réaliser de toute manière. Le « je » humain, même le « connaître » humain, passent après le mystérieux « cela ». Dans une pareille perspective, l'après-2000 n'a rien de troublant ni d'inquiétant : il sera ce que Dieu voudra bien qu'il soit. Une Église de type « Marie » s'interroge seulement sur le comment : « Comment cela sera-t-il ? » (1,34) Dans une attitude d'acceptation, d'ouverture et de collaboration active à l'œuvre de Dieu : « Voici la servante du Seigneur. » (1,38)
4. Enfin, une Église de type « Marie », c'est une Église toute tournée vers la Parole — et de plus en plus —, une Église absolument convaincue du pouvoir irremplaçable de la Parole de Dieu. À cet égard, les tout derniers mots de Gabriel apparaissent

extrêmement indicatifs. Nous pouvons les rendre encore plus fidèlement que les traductions courantes, en collant de beaucoup plus près au texte original. Non pas : « Car rien n'est impossible à Dieu ». Mais : « Car, auprès de Dieu, aucune Parole ne sera sans puissance » — littéralement, en grec, « sans dynamisme » (1,38). Dans le contexte de l'Annonciation, la Parole, c'est sans doute, d'abord, l'inspiration intérieure, qui germe dans le dialogue interpersonnel de Marie avec son Seigneur. Mais c'est aussi, encore plus en profondeur, le sacrement privilégié des Écritures : exactement comme Zacharie, Marie, dans son cantique d'action de grâce — le Magnificat —, fait la preuve qu'elle a parfaitement assimilé l'héritage biblique de son peuple ; un peu comme un pot-pourri, son chant est tout entier truffé de phrases et de souvenirs bibliques. L'exemple n'est-il pas entraînant pour nous, au seuil d'une nouvelle évangélisation qui n'a plus rien de facultatif ? C'est dans les Écritures, Premier et Nouveau Testament, qu'une Église de type « Marie » va chercher, discerner et accomplir vraiment l'œuvre de Dieu dans le présent fascinant qui s'ouvre devant elle à l'aube de l'an 2000.

Conclusion

Le lecteur objectera: « Jusqu'à maintenant, il s'agit de généralités! » Et, en un sens, il a raison. Pourquoi cette idée d'amorcer notre réflexion par les modèles de Zacharie et de Marie? À bien y penser, l'intuition vaut son pesant d'or. Il ne s'agira probablement pas, pour adopter un modèle, de rejeter complètement l'autre. Zacharie et Marie ont plusieurs points communs: les deux ont ouvert une route d'avenir, les deux ont mis au monde un prophète, les deux se sont centrés sur la Parole, tôt (Marie) ou tard (Zacharie). Mais la confrontation des deux modèles a l'avantage de nous ramener à une question de fond. Face aux culs-de-sac apparents de la mission dans le monde moderne, face aux diverses perspectives d'appauvrissement éventuel, comment l'Église chez nous va-t-elle réagir? Est-ce qu'elle va chercher, comme Zacharie, à tout contrôler par des signes, en essayant d'augmenter son savoir, c'est-à-dire en suivant de près le tableau de son évolution humaine, sociale, démographique et autre? Ou, à l'inverse, va-t-elle chercher, dans un grand mouvement spirituel communautaire, à scruter, à discerner et surtout à accueillir, sur une base d'Écritures, le projet mystérieux du Seigneur pour le monde de l'an 2000? « Marie gardait toutes ces Paroles, les mettant ensemble dans son cœur. » (2,19.51) Marie, c'est-à-dire l'Église, discernait...

INTÉRIORISATION ET PARTAGE

Un peu comme Zacharie qui veut des signes,
notre Église, face aux nouveaux défis,
a-t-elle la tentation de se centrer sur elle-même ?

Comme Marie, notre Église est-elle prête
à courir le risque de demander au Seigneur
ce qu'il désire pour elle ?

Quand je pense à l'avenir de l'Église chez nous,
les questions que je me pose (« comment cela sera-t-il ? »)
sont-elles teintées de pessimisme ? de curiosité ?
de doute ? ou, au contraire,
de confiance et d'espérance ?

Dans nos communautés chrétiennes, cherchons-nous,
comme Marie et Zacharie,
à discerner le présent et l'avenir
au cœur même de la Parole de Dieu ?

CHAPITRE III

Des objectifs à clarifier

La mission-cadre de Jésus et de l'Église

RENÉ GUAY
ET MARC GIRARD

Un témoignage personnel

RENÉ GUAY

C'est en toute confiance que je partage avec vous quelques moments de ma vie. Les pauvres font partie de mon paysage spirituel et pastoral depuis de nombreuses années déjà. Pour moi, essayer d'*être avec les pauvres*[1] me permet de mieux incarner et de mieux vivre le message de Jésus, « lui qui a été envoyé pour annoncer la Bonne Nouvelle aux pauvres » (*Luc* 4,18).

Depuis longtemps, j'ai des amis pauvres. Je dirais même que ce qui m'a attiré le plus dans l'Évangile et qui m'attire toujours, c'est de voir comment Jésus accueille et aime les pauvres et les blessés de la vie. Cela explique aussi en bonne partie mon appel au

1. L'expression « être avec les pauvres » est empruntée au théologien péruvien Gustavo Gutiérrez. « Option pour les pauvres : bilan et enjeux », conférence donnée à l'Université de Montréal, le 16 septembre 1993.

presbytérat et mon engagement missionnaire au Chili entre septembre 1979 et octobre 1992.

D'ailleurs, quand on me demande quel texte de la Bible ou quel épisode de la vie de Jésus me parle le plus, je réponds toujours que c'est l'épisode de Jésus à la synagogue de Nazareth (*Luc* 4,16-21). Dans ces paroles de Jésus, je reconnais ce à quoi Dieu m'a appelé depuis toujours et ce à quoi il continue de m'appeler aujourd'hui.

Ces paroles du prophète, reprises par Jésus, m'ont toujours fait entrer facilement en prière. Il y a déjà plusieurs années, je me demandais pourquoi ces paroles avaient tant d'impact dans ma vie. Peu à peu, j'ai compris qu'en regardant Jésus, je découvrais ma propre vocation et la spiritualité qui l'anime, c'est-à-dire ma manière d'être dans l'Esprit. Ce Jésus, c'est le pauvre, c'est l'incompris, le persécuté, le prisonnier, le torturé, le crucifié du Vendredi saint. Ce Jésus de Nazareth, c'est le Ressuscité de Pâques, cet inconnu qui marche vers Emmaüs et qui se fait reconnaître.

Quand je suis arrivé au Chili en décembre 1979, à l'invitation d'un confrère prêtre, j'ai pu participer aux journées pastorales de la zone ouest de Santiago. C'est à cette occasion que j'ai eu la chance de connaître Mgr Enrique Alvear, évêque et vicaire épiscopal de cette zone pastorale. Les pauvres disaient de lui qu'il était *l'évêque des pauvres*. En raison de ses engagements prophétiques, avec d'autres évêques d'Amérique latine, il a connu la persécution, un peu de prison et surtout le mépris... Cet homme s'était fait si proche des pauvres que ces derniers le reconnaissaient comme un des leurs. Lui-même disait que les pauvres lui avaient enseigné à être pasteur. Il s'identifiait à ces derniers. Toute sa vie il a essayé d'incarner dans son ministère sa devise épiscopale : « Il m'a envoyé proclamer la Bonne Nouvelle aux pauvres. »

Cet homme m'a profondément marqué. Il a marqué aussi beaucoup de monde. Mgr Alvear se tenait aux carrefours des routes, là où passaient la lutte contre la pauvreté, la défense des droits humains et la vie des organisations populaires.

Ma première année au Chili, je l'ai consacrée aux personnes. L'équipe des prêtres des Missions étrangères dans laquelle les prêtres de mon diocèse étaient intégrés m'avait donné la chance de m'insérer dans un quartier populaire mais sans en assumer la responsabilité pastorale. On m'avait suggéré de prendre un an de plus grande liberté pour entrer dans la culture chilienne et connaître peu à peu la sous-culture du monde des pauvres. Heureuse suggestion !

Je me suis mis à circuler dans les ruelles, à saluer les gens, à expérimenter peu à peu la vie d'un quartier populaire. Je me tenais, en fin d'après-midi et en début de soirée, près d'un pont par où passaient les gens de retour du travail. Je visitais aussi les petites communautés chrétiennes que deux confrères avaient fondées quelques années auparavant.

Au cours de cette première année, j'ai découvert peu à peu ce que voulait dire être pauvre dans le contexte précis du Chili. Je découvrais que la pauvreté avait un visage, des visages… Il y avait cette pauvreté qui se manifestait dans des conditions difficiles de vie et de survie pour la majorité des gens du quartier de Huamachuco. Il y avait aussi cette pauvreté planifiée par un régime dictatorial qui vendait peu à peu le Chili à bas prix aux nouveaux conquérants du libéralisme économique. Le Chili, au début des années 1980, a été un terrain d'essai pour ces jeunes économistes chiliens de l'Université catholique de Santiago. Ils étaient formés aux théories économiques de Friedmann. On les appelait les Chicago Boys.

Au cours de ces années, en raison de ces nouvelles politiques économiques, le Chili a connu un taux de chômage très élevé. Je me suis alors impliqué passablement dans le groupe de la Pastorale ouvrière. C'était un lieu de liberté de parole et d'expression pour les chrétiens et chrétiennes mais aussi pour les militants syndicaux, politiques. Lors des réunions, on analysait ce qui se passait au Chili et dans le quartier, et on essayait de planifier certaines actions pouvant aider à surmonter le moment difficile qui se vivait. Ces rencontres de la Pastorale ouvrière ont fait naître des soupes populaires, des groupes de chômeurs, des comités de sans-logis, des regroupements des familles de détenus disparus, des comités de visites aux prisonnières et prisonniers politiques.

Pendant ce temps, la dictature nous regardait faire avec un œil inquiet. Il n'était pas rare que le gouvernement expulse des missionnaires étrangers. L'État accusait facilement les étrangers et, par conséquent, l'Église d'activisme politique. Les relations entre le gouvernement et l'Église ont été souvent des plus tendues. Combien de fois l'archevêque de Santiago, le cardinal Silva Henriquez, un apôtre de la défense des droits humains, a dû élever la voix pour dénoncer les injustices et les atteintes faites aux personnes. Combien de militants et militantes dans l'opposition au régime militaire doivent leur vie à l'engagement prophétique de l'Église.

Durant cette période, en péchant un peu par naïveté, j'avais l'impression que l'Évangile se vivait intensément dans tout le Chili. Une parole prophétique se faisait entendre de la part de nombreux évêques et prêtres. Les communautés ecclésiales de base se multipliaient rapidement. Les pauvres témoignaient de leur joie de se savoir accompagnés par une Église qui acceptait même la persécution au nom de la foi et de la justice.

Une partie importante de mon travail, en plus de la pastorale courante, consistait à accueillir des personnes poursuivies par le régime et dont la vie était en danger. Combien de fois, avec un confrère p.m.é., avons-nous accueilli dans notre petite maison des personnes qui risquaient la prison, l'exil et souvent même la mort. Il fallait parfois se rendre aux urgences des hôpitaux et même dans les morgues afin de vérifier la présence ou l'absence d'une personne qui aurait pu allonger la liste des disparus.

Depuis mai 1984 et jusqu'au référendum de 1988, nous avons connu la période des journées de protestation contre le régime. À bien des moments, nous avions l'impression de vivre un climat de pré-insurrection. À chaque manifestation contre le régime, notre rôle était de recueillir les blessés et de les soigner dans nos petites cliniques de santé plutôt rudimentaires. Il fallait aussi se préoccuper des détenus pour éviter qu'ils se transforment en disparus. À bien des moments, au soir de ces journées plus difficiles, je me posais de graves questions. Je n'avais pas été préparé beaucoup à ce genre d'apostolat. Ma formation au Grand Séminaire m'avait aidé à développer un certain sens pastoral, mais comment l'utiliser de bonne façon dans un contexte aussi difficile ?

Avec les années, mon travail se précisait. Je devais accompagner les communautés chrétiennes de base dans leur cheminement. J'étais toujours très émerveillé de voir la place de la Parole de Dieu dans ces cellules d'Église. Les gens essayaient de comprendre leur vécu si difficile à la lumière de la Parole. Je travaillais aussi à former des communautés de jeunes. Encore là, les jeunes, pour qui la situation était souvent sans issue, m'édifiaient. Ils rêvaient d'une société plus juste et s'engageaient au nom de leur foi à faire advenir cette nouvelle société. Je travaillais aussi à la formation et à l'accompagnement des responsables de communautés.

Un fait peut illustrer en quoi pouvait consister une bonne partie de mon travail. Le matin du 9 mai 1984, un groupe de plusieurs centaines de familles sans logis décida de réaliser une prise illégale de terrain pour y construire leurs maisons. Très tôt le matin, ils arrivèrent avec le peu de choses qu'ils avaient et ils plantèrent le drapeau chilien pour signifier qu'ils prenaient possession de ce terrain. La police n'a pas tardé à arriver sur les lieux. Elle chargea immédiatement, lançant des gaz lacrymogènes et procédant à l'arrestation de beaucoup de monde. Suite à cela, les familles durent se replier et chercher un endroit où s'abriter. Elles ont donc choisi de se rendre à la chapelle la plus proche pour y garder les blessés et réfléchir à ce qu'elles allaient faire.

Ce matin-là, le gardien de la chapelle est venu me réveiller vers les 6 heures trente pour me raconter ce qui s'était passé. Je me suis donc rendu en vitesse à la chapelle. J'ai pu entrer avant que les policiers n'encerclent les lieux. J'ai contacté le vicaire épiscopal de la zone nord qui est arrivé peu de temps après. Pendant trois jours, trois nuits, les gens sont demeurés sous la protection de la communauté chrétienne et sous la garde armée des nombreux policiers. Pendant ce temps, sur les ondes de la radio et sur toutes les chaînes de télévision, le ministère de l'Intérieur nous accusait, un prêtre espagnol et moi, d'avoir organisé cette prise illégale de terrain.

Au matin de la quatrième journée, les gens prirent la décision de sortir de la chapelle et de retourner d'où ils venaient. En l'absence de l'archevêque, le vicaire général de Santiago prit notre défense en publiant un communiqué dans lequel il nous redisait l'appui total de l'archevêché. Une partie du communiqué disait que le problème n'était pas suscité par le ministère pastoral des prêtres mais bien par le scandale de l'énorme déficit dans le logement[2].

Le ministère de l'Intérieur, de son côté, disait dans son accusation : « Si les choses continuent, les instigateurs iront devant la justice, quel que soit leur uniforme ou leur habillement[3] ». J'avais la conscience

2. Archevêché de Santiago, Déclaration publique, 11 mai 1984.
3. *La Segunda*, mercredi 9 mai 1984.

tranquille, car je n'avais participé d'aucune façon à la préparation de cette activité de revendication. Cependant, j'étais solidaire des gens.

Dans les jours qui ont suivi cet événement, j'ai ressenti une très grande fatigue. Je me sentais épuisé, nerveux et anxieux de savoir ce qui allait se passer. Comme dans d'autres situations vécues par des missionnaires, je craignais que la police ne vienne me chercher durant la nuit pour m'expulser du Chili. Le gouvernement chilien avait souvent utilisé cette méthode. Il me fallait attendre pour savoir ce qui allait se passer… Heureusement, j'ai pu demeurer au Chili.

Le 4 septembre de la même année, André Jarlan, un prêtre français que je rencontrais dans nos réunions au Vicariat de la Pastorale ouvrière, a été retrouvé mort dans sa chambre, une balle dans la tête. Ce jour-là, il nous était impossible de sortir, car il y avait couvre-feu en raison des journées de protestation. André a été tué par des policiers qui poursuivaient des journalistes et qui ont tiré en direction de la maison des prêtres. Ce soir-là, je me sentais totalement impuissant… Je me demandais où tout cela allait nous mener. Je cherchais le sens de tous ces événements. Choisir d'aimer les pauvres, être solidaire avec eux, même s'identifier à eux, signifiait concrètement que, dans certaines situations, il fallait payer de sa vie. D'autres l'avaient expérimenté dans le passé mais, dans mon cas, la mort violente d'André a été le déclencheur de ce questionnement douloureux.

J'en suis convaincu : être avec les pauvres, s'identifier à leurs luttes et à leurs projets, c'est une manière de vivre qui est dangereuse. De nombreux chrétiens et chrétiennes ont payé de leur vie. Oui, j'en suis convaincu : l'option préférentielle qui peut signifier une identification toujours plus grande avec les pauvres est risquée. Le pouvoir en place ne peut accepter que les pauvres prennent en main leur destinée et marchent vers la libération. Les pauvres sont subversifs. Leur seule présence dénonce et menace.

J'ai aussi vécu un certain Vendredi saint assez particulier. J'étais alors « decano », c'est-à-dire doyen dans un secteur pastoral qui regroupait quatre grandes paroisses d'un secteur populaire. Cette année-là, les communautés chrétiennes du vicariat avaient choisi de terminer le chemin de croix ensemble. Chaque paroisse réalisait une partie du chemin de croix sur son territoire et se joignait au reste des communautés pour la célébration finale.

Le chemin de croix rappelait celui du Christ vécu aujourd'hui par toute personne qui souffre. Il rappelait aussi le sort des détenus-disparus, de leurs familles, des victimes de la torture. Il rappelait encore la situation des chômeurs, des sans-logis, etc. Pour la conclusion du chemin de croix, j'étais chargé de présider une brève liturgie. Alors que tout était terminé et que je retournais chez moi accompagné de quelques jeunes, les policiers m'ont rejoint dans un terrain vague qui servait de dépotoir pour me demander de m'identifier et pour essayer de me faire peur. J'ai aussi cette conviction que le chemin de croix est subversif. Il dérange quand les pauvres s'identifient à l'expérience unique de Jésus qui a donné sa vie par amour.

Suite à ces expériences plus interpellantes, je me suis souvent demandé si c'était cela vivre l'option préférentielle pour les pauvres. Dans ces moments plus difficiles, plus troublés, les questionnements ne manquent pas. Peu à peu, avec les années, j'ai peut-être découvert qui était le pauvre dont on parle tant. Gustavo Gutiérrez en parle en ces mots qui me rejoignent : « le pauvre, c'est celui qui ne compte pas pour la société. C'est celui qui n'a pas de poids social. C'est l'insignifiant, l'anonyme[4]. » Ces pauvres que j'appelle mes amis, ce sont ces personnes qui sont en charge du système, car ce dernier ne peut les intégrer. Il tend plutôt à les exclure. Dans le contexte du Chili de l'époque, le pauvre n'était pas seulement celui qui avait faim ou qui était sans domicile, mais bien aussi celui dont la dictature niait la dignité de personne humaine.

4. Gustavo GUTIÉRREZ, *Option pour les pauvres : bilan et enjeux*, conférence prononcée à l'Université de Montréal, le 16 septembre 1993.

Après des années vécues dans ce climat d'agitation sociale, politique et ecclésiale, la fatigue commençait à se faire sentir. À l'intérieur même de l'Église, les tensions se faisaient nombreuses. Le fait de vivre et de partager la vie même des pauvres nous identifiait au courant de la théologie de la libération. Je vous confie que ma motivation la plus profonde et la plus sérieuse venait de l'Évangile. Je reconnais que la théologie de la libération m'apportait une certaine compréhension et certains outils pour un travail d'évangélisation efficace. Cependant, ce qui se vivait dans ces années-là en Amérique centrale, spécialement au Salvador et au Nicaragua, faisait peur à toutes les autorités.

Au Chili, à partir de 1986, il était facile de percevoir l'inquiétude du nouvel archevêque de Santiago face à la situation générale du pays. On lui avait confié le mandat de travailler à la réconciliation de tous les Chiliens. Il y avait là un grand défi pastoral et surtout… politique. Comment réconcilier les responsables des atrocités et des injustices et leurs victimes ? On nous invitait désormais à travailler à cette réconciliation que je trouvais plutôt difficile alors que l'histoire récente était lourde.

Je suis alors entré dans une période de questionnements. Quel était le sens de notre travail pastoral ? Qu'est-ce que les communautés ecclésiales de base devaient faire ? Quel était leur avenir dans ce nouveau contexte ? Comment vivre cette solidarité profonde avec les pauvres dans cette nouvelle étape ?

J'ai senti alors la nécessité de réfléchir, de chercher, surtout de chercher plus intensément la volonté de Dieu. Dans ce nouveau contexte, j'ai entrepris de poursuivre, de façon plus systématique, une certaine formation au discernement spirituel. C'est dans cet effort pour chercher la volonté de Dieu et pour essayer de la réaliser dans ma vie que j'ai retrouvé la paix et la sérénité nécessaires pour poursuivre mon service pastoral auprès des pauvres. Quand on ne sait plus où aller, quand on ne sait plus que faire, il faut se tourner vers Dieu et le supplier. Cet apprentissage du discernement spirituel m'a permis de retrouver mon souffle. Les pauvres et les situations-limites vécues avec eux m'ont permis de me tourner davantage vers Dieu et peut-être de compter un peu moins sur mes propres forces.

Dernièrement, je suis retourné au Chili. J'ai retrouvé un pays que j'aime mais un pays en train de profiter au maximum des soi-disant retombées miraculeuses du néo-libéralisme. En arrivant dans les quartiers populaires, nous sommes encore dans un autre monde. Les avantages du modèle économique néo-libéral ne sont pas encore là. Le seul avantage pour le moment, c'est celui de contracter des dettes au profit de la consommation et de ceux qui possèdent.

J'ai pu visiter les communautés chrétiennes où j'avais travaillé. Je veux être honnête et le plus objectif possible. Dans les endroits où j'ai œuvré, j'ai remarqué un recul systématique sur de nombreux plans. La Parole de Dieu qui rassemblait les petites communautés chrétiennes de base ne rassemble plus autour d'elle… Les petites communautés sont aussi disparues pour une bonne part. Pour moi, c'est une tragédie… On a pris carrément l'option de se replier et de ne plus risquer du côté des pauvres.

Ce regard peut sembler un peu sévère mais je le crois réaliste dans le moment actuel qui se vit au Chili. Les pauvres ne semblent plus faire partie de la préoccupation pastorale prioritaire de l'Église. Demain, si tout se réalise comme prévu, le Chili sera un pays en assez bonne situation économique au plan macroéconomique, mais l'Évangile guidera-t-il le cœur des personnes ? Dans ce modèle qui fabrique l'exclusion, les pauvres auront-ils la chance d'entendre une Bonne Nouvelle ? Se sentiront-ils chez eux dans cette Église qui ressemble de plus en plus à une Église d'ailleurs ?

Ma vision est sans doute partielle. Il y a d'autres regards… Le mien, c'est celui du terrain où j'ai marché avec les plus pauvres. Oui, j'ai remarqué un recul en ce qui concerne la lecture communautaire de la Parole de Dieu et la vie des communautés ecclésiales de base. J'ai aussi remarqué un recul en ce qui touche l'engagement et la responsabilité des laïcs dans cette Église. Dans les communautés des quartiers populaires où j'ai travaillé, le prêtre semble maintenant avoir tous les charismes. Il sait quoi faire. Il peut travailler seul. Il sait ce que doit faire l'Église. Tout est tellement clair qu'il n'est plus nécessaire de discerner ce que veut le Seigneur pour son Église. Je crains pour l'aujourd'hui et le futur de cette Église.

Depuis mon retour au Québec, mon lieu d'engagement auprès des pauvres de cette société, je le vis principalement comme membre bénévole de l'équipe pastorale du Centre de détention de Chicoutimi. Tous les jeudis soir, j'essaie de faire « mon temps » en partageant quelques heures avec les détenus.

Je vis aussi de bons moments de solidarité avec les blessés de la vie, blessés de l'amour, en donnant de mon temps au service *Être un couple*, destiné principalement aux couples qui vivent d'énormes difficultés. Pour le reste, j'essaie de ne pas perdre l'occasion de vivre une solidarité toujours plus grande avec les exclus de nos sociétés. J'essaie constamment de me rappeler ces paroles des Pères du concile qui nous ont tant marqués à leur époque : « Les joies et les espoirs, les tristesses et les angoisses des hommes de ce temps, des pauvres surtout, et de tous ceux qui souffrent, sont aussi les joies et les espoirs, les tristesses et les angoisses des disciples du Christ, et il n'est rien de vraiment humain qui ne trouve écho dans leur cœur[5]. »

J'ai accepté de partager ce témoignage en me rappelant l'importance des pauvres dans ma vie et dans mon ministère. Mon seul souhait, c'est que l'Évangile, Bonne Nouvelle annoncée aux pauvres, puisse être accueilli et vécu. Depuis toujours, notre Église au Québec a le souci des pauvres. N'est-elle pas en train de devenir une Église pauvre ? N'y a-t-il pas dans ce que nous vivons et ce vers quoi nous allons la semence d'une nouvelle manière d'être Église ?

5. *Gaudium et spes*, art. 1.

Proclamation

Tout un programme pour l'Église
(*Luc* 4,16-30)

16 [Jésus] vint à Nazareth, où il avait été élevé, et,
selon son habitude les jours de sabbat, il entra dans
la synagogue. Il se leva pour lire. 17 On lui remit le
livre du prophète Isaïe. Déroulant le livre, il trouva
l'endroit où était écrit :

> 18 « Le Souffle du Seigneur [est] sur moi, parce
> qu'il m'a oint pour annoncer une bonne nou-
> velle à des pauvres ; il a commencé à m'envoyer
> proclamer à des captifs la liberté, et à des aveu-
> gles, le retour à la vue, renvoyer des opprimés
> dans la liberté, 19 proclamer une année du Sei-
> gneur, accueillante. »

20 Ayant roulé le livre et [l']ayant remis au servant,
il s'assit. Les yeux de tous dans la synagogue étaient
braqués sur lui. 21 Il entreprit de leur dire :

> « Aujourd'hui, cet écrit a commencé à s'accom-
> plir à vos oreilles. »

22 Or, tous lui rendaient témoignage et s'étonnaient
des paroles de gratuité sortant de sa bouche. Ils

disaient : « N'est-il pas fils de Joseph, celui-là ? » [23] Il leur dit :

« En tout cas, vous me direz ce proverbe : "Médecin, guéris-toi toi-même ! Ces choses que nous avons entendues [raconter] et qui se sont produites autour de Capharnaüm, fais-[les] donc ici également dans ta patrie !" »

[24] Il dit :

« Amen je vous dis qu'aucun prophète n'est accueilli dans sa patrie ! [25] En vérité je vous dis, il y avait beaucoup de veuves aux jours d'Élie en Israël, quand le ciel se ferma durant trois ans et six mois, alors que se produisait une grande famine sur toute la terre ; [26] or Élie ne fut envoyé à aucune d'elles, mais à Sarepta de Sidon, auprès d'une femme veuve. [27] Aussi, il y avait beaucoup de lépreux en Israël au temps d'Élisée le prophète, et aucun d'eux n'a été purifié, sinon Naaman le Syrien.

[28] Tous, dans la synagogue, furent remplis de colère en entendant cela. [29] S'étant levés, ils le jetèrent hors de la ville et l'amenèrent à un escarpement de la montagne sur laquelle leur ville était bâtie, de manière à le précipiter en bas. [30] Mais lui, passant au milieu d'eux, marchait.

Commentaire

MARC GIRARD

Dans l'évangile de Luc, la première prise de parole du Christ dans la synagogue de son village prend une importance cruciale : le récit a le statut d'un véritable texte fondateur. Fondateur non seulement pour le ministère du Jésus historique, mais pour l'ensemble de la mission confiée à l'Église à travers les âges de l'histoire. Y compris, donc, au tournant de l'an 2000.

La scène se passe à « Nazareth ». Nazareth, après vingt siècles, correspond à notre petit monde à nous, notre environnement immédiat : la paroisse, la ville, la zone pastorale, la région, le Québec. Pour Jésus, c'est le jour J : il fait ses premières armes. Un peu comme l'Église, quand survient un changement majeur de civilisation : elle a beau essayer de fourbir ses vieilles armes, elle a l'impression d'en être encore et toujours à ses premières armes. C'est peut-être le cas, en un certain sens, chez nous. Comment l'Église peut-elle redire son message inusable dans une société qui explose, une société marquée par la mondialisation, la vitesse, l'électronique et une certaine confusion des valeurs ?

Dans ce commentaire du passage évangélique, appliqué évidemment à notre réalité actuelle, nous nous en tenons à quatre points : la source de la mission, l'objectif de base de la mission, la stratégie essentielle, et les diverses réactions auxquelles on peut s'attendre de la part du milieu.

La source de la mission

Commençons par l'origine de la mission. De soi, elle est mystérieuse et le restera toujours : « Le Souffle du Seigneur [est] sur moi. » (4,18) C'est, pourrions-nous dire, le moteur invisible de la mission, pour l'Église aujourd'hui aussi bien que pour le Jésus de l'histoire. Nous, évidemment, nous avons besoin de concrétiser cette origine mystérieuse de la mission dans des rites symboliques : un mandat officiel, ou encore l'un ou l'autre des trois degrés du sacrement de l'ordre. Mais nous ne devons jamais oublier qu'à toutes les étapes, avant et pendant l'exercice du mandat, le projet personnel et le projet communautaire sont exposés à toutes les surprises d'un « vent » qui « souffle où il veut » et dont « personne ne sait » exactement « d'où il vient ni où il va » (*Jean* 3,8). Or, au tournant de l'an 2000, le moins qu'on puisse dire, c'est qu'on s'affronte à des vents rapides et imprévisibles ; et, plus souvent qu'à son tour, la girouette vire comme une toupie... Pas étonnant que, bien des fois, la tête nous tourne !

L'objectif de base de la mission

Venons-en à l'objectif de base de la mission. Si nous épluchons tout le texte évangélique pour retenir seulement l'essentiel — disons l'épine dorsale —, nous restons avec un seul bout de phrase. Pourquoi Jésus est-il envoyé ? Carrément, « pour annoncer une bonne nouvelle à des pauvres » (4,18).

Chose curieuse, quand le Jésus de Luc parle des pauvres, il utilise presque toujours une liste de quatre mots, tous synonymes. Ici : « pauvres, aveugles, captifs, opprimés » (4,18). Dans les béatitudes : « pauvres, affamés, affligés, haïs et exclus » (6,20-23). Dans les paraboles du chapitre 14, que nous allons fouiller un peu plus loin : « pauvres, handicapés, boiteux, aveugles », et deux fois de suite par-dessus le marché (14,13.21). Pourquoi toujours une série de quatre ? Dans à peu près tous les systèmes symboliques, le chiffre quatre suggère l'idée d'universalité. En tout cas, beaucoup plus que les trois autres évangélistes, Luc, compagnon de Paul, insiste énormément sur l'universalité de la mission : la mission s'adresse non seulement aux Juifs de l'intérieur, mais aux païens, à tous ceux d'en dehors, jusqu'aux extrémités du monde. À la suite du Christ, l'Église de l'an 2000 ne peut tout simplement pas se confiner à l'intérieur de son petit monde clos, l'Église ne peut tout simplement pas rester « collée » à Nazareth ! Nous y reviendrons.

Le mot « pauvres » résume donc tous les autres synonymes qu'on peut lui accoler : démunis, défavorisés, « pognés », « poqués ». Si on cherche un dénominateur commun à ces catégories sociales proches l'une de l'autre, on se rend compte qu'elles s'appliquent toutes à des personnes qui se sentent paralysées, empêchées de gagner librement leur vie, un peu comme des oiseaux à qui on a coupé les ailes.

Jésus, éclairé, confirmé, poussé par l'Esprit saint, se dit envoyé aux « pauvres ». Soit. Mais quelle sorte de pauvres ? Dans toute la Bible, le vrai pauvre n'est pas d'abord celui qui manque d'argent et de biens matériels, mais celui qu'on colle épaules et face contre la poussière ; autrement dit, la pauvreté ne se définit pas prioritairement comme un déficit d'avoir, mais plutôt comme un déficit de liberté, un déficit d'humanité, une privation, imposée de l'extérieur, de la capacité de disposer de soi-même. Bien entendu, l'absence d'argent fait partie de la condition du pauvre, mais seulement comme conséquence d'un état de fait encore plus radical : le déséquilibre scandaleux des rapports humains entre dominants et dominés, oppresseurs et opprimés.

Jésus, envoyé aux pauvres. Mais pour faire quoi ? Pour accomplir ni plus ni moins un ministère prophétique de libération. Effectivement, dans l'énoncé de la mission de Jésus, le deuxième mot par ordre d'importance, c'est le mot « liberté ». On le trouve explicitement deux fois : « il a commencé à m'envoyer proclamer à des captifs la liberté », puis, presque tout de suite, « renvoyer des opprimés dans la liberté » (4,18). Mais, pour qui possède un flair biblique un peu aiguisé, on se rend compte que le dernier bout de phrase exprime lui aussi, implicitement, la même idée de liberté : « proclamer une année du Seigneur, accueillante » (4,19). À première vue, pour nous, l'expression ne veut pas dire grand-chose. Pour saisir l'allusion, on n'a pas le choix de retourner aux origines bibliques de l'« année d'accueil » donnée par le Seigneur. Dans la Loi de Moïse, il peut s'agir soit de l'année sabbatique à chaque sept ans (*Exode* 21,2 ; *Deutéronome* 15,12), soit de l'année jubilaire après sept fois sept ans (*Lévitique* 25,10). À cette occasion-là, la Loi prescrivait de redonner la pleine liberté à tous les esclaves, une liberté de choisir leur sort. Comme ce serait extraordinaire si le grand Jubilé de l'an 2000 contribuait si peu que ce soit à la libération des personnes et de l'humanité, aussi bien la libération sociale, économique et politique que la libération spirituelle, tout intérieure !

Pour saint Luc, en tout cas, l'« évangile » de Jésus implique forcément une dimension sociale ; c'est avant tout un évangile de libération, au sens ultra-concret de relâchement des liens, des menottes et des chaînes. Attention de ne pas spiritualiser trop vite le sens de l'expression « annoncer une bonne nouvelle à des pauvres » ; en grec, le verbe « évangéliser » (*euaggelisasthai*) n'a pas cette signification plus technique et plus restreinte qu'on lui donne en français, comme si la mission de Jésus et de l'Église consistait d'abord et exclusivement à catéchiser les pauvres et à les amener dans nos lieux de culte. Chez Luc le radical — et au moins autant chez Jésus le radical —, il faut comprendre que la « bonne nouvelle » porte essentiellement sur l'accès prochain des défavorisés à la « liberté ».

Voilà tout un chantier pour l'Église, aux abords de l'an 2000 ! Mais un chantier, heureusement, qui est déjà en marche chez nous. C'est dans ce contexte-là que, ces dernières années, on a pu sentir qu'un certain appauvrissement de l'Église, en personnel et en ressources, pouvait être un motif d'espérance, au moins dans la mesure où il amène notre Église, à la suite de son Maître, à s'identifier davantage aux miséreux[6]. On parle souvent, par exemple dans les documents officiels de l'Église en Amérique latine, d'« option préférentielle pour les pauvres ». Une spiritualité d'identification aux pauvres va encore plus loin, me semble-t-il, dans la ligne de l'Évangile. On connaît bien la parabole, toujours aussi dérangeante :

6. Voir *La mission de l'Église au tournant de l'an 2000*, p. 193-229.

« Seigneur, quand est-ce que nous t'avons vu avoir faim, soif, être nu, malade ou en prison... ? » (*Matthieu* 25,38-40.44-45)

La stratégie essentielle

Résumons les deux premiers points de notre parcours. D'abord, la mission de l'Église à notre époque s'identifie encore et toujours à celle de Jésus ; cette mission vient tout entière du « Souffle » de Dieu, de l'Esprit saint. Deuxièmement, cette mission a pour programme-cadre l'« annonce d'une bonne nouvelle à des pauvres », une bonne nouvelle de libération.

Maintenant, comment atteindre l'objectif ? En militant ? En s'enrôlant dans des idéologies révolutionnaires ou des partis politiques ? En réalité, Jésus donne l'exemple d'une stratégie tout à fait contraire, une stratégie qui, à mon avis en tout cas, ne vieillit pas. On essaie à maintes reprises de l'embarquer. Lui, il refuse toute espèce d'embrigadement. Essentiellement, c'est dans la Parole de Dieu qu'il puise et qu'il mûrit sa mission. Dans la synagogue de Nazareth, en tout cas, il procède en deux étapes.

Il commence par « se lever », pour « lire ». Il « déroule le livre » (4,16). Il s'agit, notons-le bien, d'une lecture publique, communautaire. Le sens le plus profond de son engagement, Jésus ne le découvre pas dans ses rêves, ni ses intuitions, ni dans le fruit de ses observations humaines, ni même au cœur de sa prière intime ; le sens le plus profond de son engagement, il le découvre dans le rouleau du prophète Isaïe. Il me semble qu'il y a là une invitation, pour l'Église, à dérouler elle aussi le Livre. D'une manière nouvelle... D'autant plus qu'elle se trouve rendue à une époque cruciale — et bénie — où elle est presque obligée de repenser — ou mieux de réaccueillir — sa mission.

Pendant toute la durée de la lecture, Jésus se tient debout. Vient ensuite la deuxième étape de sa stratégie. « Il roule le livre » et « s'assoit ». Appliquons à notre récit l'image du casque d'écoute stéréo déjà utilisée pour exprimer le rapport entre la Bible et le vécu[7]. Dans la synagogue de Nazareth, tant que la Parole est lue — ce qui correspond à la première étape —, le son provient, disons, du haut-parleur droit, celui qui transmet la voix de Dieu. Maintenant qu'on passe à la deuxième étape, celle du commentaire appliqué, le son sort plutôt du haut-parleur gauche, celui qui laisse entendre l'écho du vécu actuel, de l'expérience concrète : « Aujourd'hui, cet écrit a commencé à s'accomplir à vos oreilles. » On ne saurait mieux définir ce qu'est un discernement spirituel à base d'Écriture. La démarche consiste essentiellement à replacer tout notre vécu d'« aujourd'hui » dans l'horizon de lumière de la

7. *Ibid.* p. 272-274.

Parole de Dieu : nos projets, nos espoirs, nos réalisations bonnes, aussi bien que nos inquiétudes, nos questionnements, nos incertitudes, nos plafonnements.

Dans l'Église d'aujourd'hui, certes, on en fait passablement, du discernement spirituel. Et souvent, en lien avec la Parole de Dieu. Mais en règle générale, il s'agit plutôt de discernement individuel, où souvent, la personne se fait accompagner par un conseiller spirituel. D'ailleurs, on le sait bien, le spirituel, au sens le plus large, attire beaucoup nos contemporains, comme une sorte de réponse que l'on cherche à des besoins profonds et innommés : qu'on pense simplement à la vogue du Nouvel Âge, des sciences occultes, de l'astrologie et de tout ce qui s'appelle ésotérisme ! Dans nos librairies, c'est impressionnant de constater le nombre de rayons qui sont consacrés à ce genre de littérature... de plus en plus rentable ! Mais revenons au discernement spirituel mieux calibré. Les maisons ou centres d'accompagnement individuel ont l'air, de ce temps-ci, de pousser comme des champignons. À certains égards, cela peut rendre des services inestimables. Mais, nous semble-t-il, cela n'est pas du tout suffisant. Si on se contente de pratiquer le discernement dans un cadre uniquement individuel ou interpersonnel, on risque de reléguer en arrière plan la réalité Église. Sans cette dimension communautaire essentielle, la foi chrétienne risque de se réduire à une religion du feeling ou des services à la carte. C'est la raison pour laquelle la pratique d'un certain discernement communautaire à base d'Écriture peut se révéler, à la longue, une solution gagnante pour refaire — ou rendre encore plus vivant — le tissu collectif de notre Église. On n'insistera jamais assez sur le fait que c'est dans la « synagogue » que Jésus a lancé son programme-cadre (la libération des pauvres) et qu'il a mis au point pour la première fois sa stratégie prioritaire (l'ouverture du Livre pour fixer l'essentiel de la mission « aujourd'hui »). Or le mot « synagogue » veut dire rassemblement avec d'autres, au fond, exactement la même chose que le mot « Église »... En principe, la « synagogue », autrement dit l'Église, c'est un lieu communautaire, un lieu de convergence, un lieu d'écoute, un lieu d'application de la Parole à « aujourd'hui », c'est le lieu de vérification et le stimulant essentiel de tout engagement au nom du Christ...

Les diverses réactions du milieu

Un dernier point : les diverses réactions du milieu quand l'Église choisit ouvertement d'« annoncer une bonne nouvelle à des pauvres » (4,18). À ce point de vue, la deuxième partie de notre récit évangélique est saisissante. On y observe une sorte de réaction en deux temps.

1. Dans un premier temps, tout a l'air parfaitement correct : un beau ciel bleu, sans nuages ! Le discours de Jésus semble très bien passer la rampe : les auditeurs « lui rendent témoignage et s'étonnent des paroles de gratuité qui sortent de sa bouche ». Mais l'attitude demeure superficielle. La suite du texte nous laisse deviner deux choses. D'abord, les gens de la place ont un petit fond de réticence, de méfiance : « [Écoute donc,] n'est-il pas fils de Joseph, celui-là ? » (4,22) Ensuite, Jésus a senti le fer : il se rend compte que ses concitoyens ont le goût du spectaculaire, qu'ils veulent tout de suite des signes, des miracles, comme chez le voisin à « Capharnaüm » (4,23).

Dans le paysage de la société moderne, le discours et les projets de l'Église pourraient assez facilement susciter un genre de réaction semblable. À première vue, on « rend témoignage » : les grands énoncés sur la mission n'ont pas l'air de causer trop de problème. Surtout chez les croyants. Et souvent aussi chez les distants. Même à Cuba ! Mais dès qu'on se rend compte que l'Église insiste un peu fort sur l'engagement social, souvent on entend, même de l'intérieur, des propos qui rappellent les villageois de Nazareth : « Mais dis donc, pour qui est-ce que l'Église se prend ? » Et là, on cherche à ramener l'Église sur son propre terrain, un patelin plus étroit, plus limité : « Fais-en donc autant dans ta propre maison ! »

2° Mais Jésus résiste. Il ne se laisse pas prendre au piège. La mission ne s'exerce pas seulement à l'intérieur des murs de la « synagogue », mais aussi vers l'extérieur. Dès sa première montée à la tribune, il affirme carrément l'universalité de sa mission. Et il s'appuie, encore là, sur le Premier Testament. Au début, il avait lu en toutes lettres un texte d'Isaïe. Maintenant, il se réfère plus globalement à la grande geste d'Élie et d'Élisée qui, au lieu de rester chacun dans sa cour, s'étaient tournés vers l'extérieur : la « femme de Sarepta » était une étrangère, une païenne ; « Naaman » aussi était un étranger, un païen, un « outsider ». Or, remarquons bien la condition des deux personnages. La femme est une « veuve », une économiquement pauvre, rendue au bout de ses réserves alimentaires, et qui, en plus, venait de perdre son unique fils, son seul poteau (*1 Rois* 17,1-24). Or, dans la Bible, avec l'orphelin et l'immigré, la veuve incarne l'image même de la pauvreté, de la dépendance totale. L'autre personnage, Naaman, avec son métier de courtisan, son escorte et ses cadeaux, a certainement un style de vie plus cossu, mais c'est un « lépreux » ; à la limite, il court le danger de devenir un marginal, un exclu, un proscrit ; c'est donc un pauvre, physiquement et socialement (2 *Rois* 5,1-27).

Comment tout cela se termine-t-il ? Un rejet. C'est le deuxième temps, la réaction seconde. Amener l'Église au bord du précipice, et la faire tomber de haut en bas... Mais elle, comme son Maître, « passe au milieu d'eux »... et « marche » (4,30) !

INTÉRIORISATION ET PARTAGE

*Comment réagissons-nous, dans la prière,
quand le Jésus de Luc nous laisse entendre que
l'essentiel de sa mission (et de la mission de l'Église)
consiste à « annoncer à des pauvres
une bonne nouvelle de libération » ?*

*Pour nos communautés chrétiennes, la relation aux
pauvres peut prendre trois formes différentes :
travailler pour les pauvres (assistance, dépannage),
travailler avec les pauvres (appui, solidarisation),
et se faire pauvre avec les pauvres (dépouillement).
Comment se situe notre communauté à nous ?*

*À une Église qui, chez nous, bon gré mal gré,
donne l'impression de s'appauvrir
petit à petit, quelle « bonne nouvelle »
le Christ vivant vient-il « annoncer » ?*

*Dans notre milieu, comme autrefois à Nazareth,
les gens manifestent leur méfiance, leur goût pour le
spectaculaire, voire leur hostilité et leur rejet.
Comment réagissons-nous, profondément ?*

Nos communautés chrétiennes recourent-elles
tout naturellement à la Parole de Dieu
pour mûrir leur mission propre
au cœur du monde moderne?

CHAPITRE IV

Des attitudes à développer

Une Église du type « table ouverte »

EMMETT JOHNS (ALIAS POPS)

ET MARC GIRARD

Un témoignage personnel

EMMET JOHNS

Un document paru en 1988 m'a beaucoup touché. On y décrivait la paroisse comme une « station-service ». Je me suis aperçu que cette comparaison me renvoyait clairement l'image de mon propre vécu dans le milieu paroissial et ses structures. L'indifférence aux services offerts, l'appauvrissement des relations humaines, tout cela a incité les marguilliers à me demander d'être le « contremaître » du bedeau !

Un peu comme dans le cas de saint Paul, le bon Dieu m'a forcé à réagir, permettant que je traverse une crise personnelle : une grave dépression. Je suis devenu suicidaire. Pendant mes six mois de traitement, une parole de Jésus a pris l'aspect d'un impératif, d'un défi : « J'ai eu faim et vous m'avez donné à manger... » (voir *Matthieu* 25,31-46)

Avec l'aide de quelques collègues et de mon médecin — un diacre permanent —, je me suis mis à chercher un ministère hors de la paroisse, car l'appel de l'Évangile se faisait de plus en plus pressant, et y répondre était devenu ma raison de vivre.

Un reportage à la radio sur le Covenant House de Toronto a attiré mon attention. Une visite là-bas m'a fait connaître cette œuvre, en particulier la roulotte qui circulait au centre-ville pour venir en aide aux jeunes itinérants. Dès la première année, on avait compté 10 000 visites de 2500 individus, un peu plus de jeunes qu'aux messes du dimanche !

De retour à Montréal, j'ai appelé le président d'un service public, puis le directeur général de la police de la communauté urbaine. Nous avons obtenu un téléphone cellulaire gratuit, du temps en ondes également gratuit, et divers types de collaboration.

À l'occasion d'une rencontre avec mon « patron », l'évêque auxiliaire de Montréal responsable des communautés anglophones, j'ai obtenu la permission d'entreprendre une étude de faisabilité. J'ai ensuite emprunté 10 000 $. de la Caisse populaire. Et, le 8 décembre 1988, la roulotte de l'organisme « Le bon Dieu dans la rue » s'est mise en marche pour la première fois. Au premier arrêt, nous avons rencontré un lieutenant et un sergent de la police, ainsi que deux amis. Ces derniers ont parlé de nous en bien à leurs amis de la pègre.

Entre-temps, j'ai recruté plusieurs bénévoles : entre autres, un confrère du cours secondaire devenu, depuis, président d'une entreprise, qui a accepté d'assumer gratuitement l'entretien de la roulotte dans le garage de sa compagnie. C'est le club Kiwanis de Montréal-Saint-Georges qui a payé la dette encourue pour l'achat de cette roulotte vieille de treize ans et longue de sept mètres.

J'ai donc démissionné comme curé à Lachine le 31 décembre 1988. Quatre nuits par semaine, de 21 h à 3 h, je parcourais le centre-ville, à la recherche des jeunes sans abri. Peu à peu, ils se sont présentés et ont accepté notre hospitalité, nos hot dogs et notre café, les vêtements et les produits hygiéniques mis à leur disposition. Ironiquement, ce sont eux qui m'ont accueilli à bras ouverts.

Nous avons offert un ministère d'hébergement, d'amour, de respect, de partage, de complicité, d'absence de jugement, de compassion pour nos jeunes frères et sœurs, les enfants de Dieu ! Chez les plus exclus, blessés, rejetés, meurtris, nous avons constaté l'acceptation, la guérison, l'appartenance, mais aussi de grandes souffrances, le prix de l'amour...

Qui sont ces jeunes ? On les compte par milliers : 35 % sont originaires de Montréal, 60 % de tous les autres coins du Québec, et le reste, de partout au Canada, voire, dans certains cas, des États-Unis.

Puis-je en présenter quelques-uns? J'ai modifié volontairement leurs prénoms. Très jeune, Marie-Ève s'est vue confiée au « système » parce que sa mère se trouvait placée dans un hôpital pour incurables; or, avant ses dix-huit ans, elle était passée par trente-deux lieux d'accueil différents! James a des problèmes de comportement qui l'ont fait renvoyer de l'école polyvalente; il se compare à un « déchet », fait des fugues, et on n'arrive plus à rejoindre ses parents qui ont déménagé et ont pris soin de garder leur numéro de téléphone confidentiel! Susie aussi s'est enfuie pour échapper à une situation intolérable: pour vivre, cette fille qui n'a pas dix-huit ans doit quêter, vendre des stupéfiants et se prostituer. Josée provient d'une famille éclatée: le compagnon de sa mère abuse d'elle, elle se retrouve dans la rue, consomme de la drogue, tombe en dépression et finalement se suicide; sa mère et sa grand-mère « ne veulent rien savoir », et on ne sait pas où est passé son père. Richard, un jeune homosexuel chassé par son père, un homme « macho » dont on dit qu'il a de l'argent, est mort dans une ruelle.

Ces jeunes itinérants, qui sont nos petits frères et sœurs, se comptent par milliers, chacun avec une expérience de vie pénible qui en fait une victime. En 1997, au bunker, nous avons offert le coucher à 1240 individus de douze à vingt ans.

Le défi que Dieu leur Père, Jésus leur Frère et le Saint-Esprit m'ont lancé n'est-il pas le défi de l'Église et notre défi à tous ? Car souvent, on cherche Dieu et on ne le trouve pas, on cherche la foi et on ne la trouve pas. Mais dès qu'on cherche le prochain, avec lui, avec elle, on trouve la foi et on trouve Dieu...

Proclamation

Trois propos de table
(*Luc* 14,1a.7-24)

I Pour le convive, un choix à faire: se placer soi-même ou se laisser placer?

1 Il arriva ceci, lorsque [Jésus] vint, un [jour de]
sabbat, manger du pain dans la maison d'un des
chefs des Pharisiens. [...]
7 Il disait une parabole à l'intention des invités,
parce qu'il avait remarqué comment ils choisis-
saient les premiers bancs. Il leur dit:

> 8 «Quand tu as été invité par quelqu'un à des
> noces, ne te couche pas sur le premier banc, de
> peur qu'un [personnage] plus important que toi
> ait été invité par lui, 9 et que celui qui vous a
> invités, toi et lui, vienne te dire: "Donne-lui la
> place!" Alors, honteux, tu commencerais à
> occuper la dernière place. 10 Mais, quand tu as
> été invité, va, allonge-toi sur le dernier banc,
> pour que, quand viendra celui qui t'a invité, il te
> dise: "[Mon] ami, monte plus haut!" Alors [ce
> sera] pour toi un honneur devant tous les [gens]
> étendus [à table] avec toi. 11 Car tout [homme]

s'élevant lui-même sera abaissé, et tout [homme] s'abaissant lui-même sera élevé. »

II Pour l'hôte, un choix à faire : qui inviter ?

12 Il dit à celui qui l'avait invité :

« Quand tu feras un dîner ou un souper, n'appelle pas tes amis ni tes frères ni tes parents ni des voisins riches, sinon eux aussi t'inviteront à leur tour et la pareille te sera rendue. 13 Mais quand tu feras une réception, invite des pauvres, des handicapés, des boiteux, des aveugles, 14 et tu seras bienheureux, parce qu'ils n'ont pas [de quoi] te rendre la pareille. La pareille te sera rendue plutôt lors de la résurrection des justes. »

III Pour le convive, un choix à faire : accepter ou décliner l'invitation ? Pour l'hôte, un choix à faire : comment remplir la salle ?

15 Entendant cela, l'un de ceux [qui étaient] étendus [à table] lui dit : « Bienheureux celui qui mangera du pain dans le Royaume de Dieu ! » 16 [Jésus] lui dit :

« Un homme faisait un grand souper. Il invita beaucoup [de gens]. 17 Et, à l'heure du souper, il envoya son serviteur dire aux invités : "Venez, car c'est déjà prêt." 18 Tous, de la même manière, ils commencèrent à s'excuser. Le premier lui dit : "J'ai acheté un champ et j'ai besoin de sortir le voir ; je te [le] demande, tiens-moi [pour] excusé." [19] Un autre dit : "J'ai acheté cinq paires de bœufs, et je vais les essayer ; je te [le] demande, tiens-moi [pour] excusé." [20] Un autre dit : "J'ai marié une femme [tout récemment], c'est pourquoi je ne peux pas venir." [21] Une fois revenu, le serviteur raconta tout cela à son seigneur. Alors, en colère, le maître de maison dit à son serviteur : "Sors vite vers les places et les rues de la ville, et fais rentrer ici les pauvres, les handicapés, les aveugles et les boiteux." [22] Le serviteur dit : "Seigneur, ce que tu as ordonné a été fait, et il y a encore de la place." [23] Le seigneur dit au serviteur : "Sors vers les routes et les clôtures, et force [les gens] à entrer, afin que ma maison soit remplie. Car je vous dis qu'aucun de ces hommes invités [en premier] ne goûtera à mon souper" ».

Commentaire

MARC GIRARD

Les trois paraboles qui précèdent ont un point en commun : elles font toutes référence à un repas. La première développe plutôt une leçon d'humilité ; les deux autres ouvrent carrément aux pauvres les portes de la salle à manger. Pour plus de clarté, considérons les trois textes un après l'autre.

Un problème de places à table

La première parabole pose un problème de places à table : qui va s'installer où ?

En fait, pour asseoir tout le monde, il y a deux méthodes possibles. Une première façon de procéder consiste à laisser les gens se placer eux-mêmes : premier arrivé, premier servi. Dans une église, c'est bien connu, souvent les premiers arrivés occupent les derniers bancs, un peu comme au cinéma. Dans les concerts rock, on observe exactement le contraire : certaines personnes font la queue pendant des heures pour avoir les meilleurs billets ; et c'est à qui pourrait toucher l'idole du bout des doigts !

L'autre façon de procéder consiste à placer les gens selon un plan, un ordre, comme on le fait pour la table d'honneur dans nos repas de noces ou nos fêtes de paroisse.

La parabole, dans son contexte original, pose tout le problème des prétentions hiérarchiques très fortes qui existaient dans le monde juif au temps de Jésus. Dans notre Église au Québec, ce type de réflexes a passablement diminué. Et personne ne s'en plaint. Nos dirigeants font preuve d'une belle simplicité et se mêlent facilement aux gens.

C'est pourquoi, pour appliquer le texte à notre situation réelle, il convient de le relire dans une autre direction. Fondamentalement, la parabole pose le problème du statut de l'Église dans l'ensemble de notre société. En deux mots, disons que si on cherche à se placer les pieds soi-même, on risque tout bonnement de se faire tasser et de reculer. En contrepartie, je ne dirais pas qu'il faut attendre pour voir quelle place les dirigeants politiques, les leaders sociaux et les journalistes vont nous accorder d'eux-mêmes, selon leur humeur et leur bonne volonté. On n'a pas le choix : en Église, il faut participer activement à tous les débats, au nom de l'Évangile. Quitte à se frayer un chemin dans le « banc de neige » ! Dans la parabole, celui qui invite, au fond, c'est Dieu. Dans cette perspective-là, le texte pourrait nous inviter tout simplement, comme Église, à laisser le Seigneur lui-même nous donner notre vraie place au cœur du monde actuel : « [Mon] ami, monte plus haut ! » (14,10) Celui qui contrôle l'ascenseur, c'est lui ; il est l'auteur de notre propre efficacité, l'inspirateur de notre témoignage et la source de notre leadership, surtout là où se posent les enjeux les plus névralgiques de la société moderne.

Un problème de cartes d'invitation

La deuxième parabole, elle, pose un problème de cartes d'invitation : qui choisir comme convives ?

À première vue, la sélection serait vite faite, en tout cas si on se base sur les critères les plus courants de l'économie moderne ! Jésus met en opposition deux listes : d'un côté, quatre catégories de personnes sympathiques et attirantes, « amis, frères, parents, voisins riches » ; de l'autre côté, quatre catégories de personnes qui pourraient se révéler, à la limite, antipathiques ou peu attirantes, « pauvres, handicapés, boiteux, aveugles » (14,12-13). De nos jours, non seulement l'économie, mais les rapports sociaux se fondent le plus souvent sur le principe du « donnant-donnant » : tu accueilles à ta table, tu es accueilli ailleurs ; ou, du moins, tes invités t'apportent un cadeau ou une bonne bouteille de vin. En réalité, Jésus propose une économie encore plus moderne — nos gouvernements en savent quelque chose ! — une économie basée sur l'endettement, le déficit à long terme : comme dit Jésus, les pauvres « n'ont pas de quoi te rendre la pareille » pour le moment, mais « la pareille te sera rendue lors de la résurrection des justes » (14,14). Tiens ! Une pure économie de la carte de crédit ! Tu distribues à profusion les cartes d'invitation à ceux qui n'ont pas de quoi rembourser. Et cela « te sera rendu ». Un passif divin, comme on dit techniquement en exégèse. Saint Jean Chrysostome l'a bien compris : c'est Dieu lui-même qui contracte la dette et qui, plus tard, va nous rembourser, avec des intérêts faramineux. À bien y penser, on a là le plus fantastique des REER, celui qui nous assure des vieux jours de retraite dorée, de retraite éternelle !

Mais qu'est-ce que tout cela veut dire pour l'Église au Québec ? Nous aussi, dans les structures du monde actuel, nous avons des « amis », c'est-à-dire des alliés naturels, des gens avec qui nous avons fait des études, ou avec qui nous partageons des problématiques communes ; nous aussi, nous avons des « voisins riches », qui peuvent nous aider à prendre les bonnes décisions, à équilibrer nos budgets, à renflouer nos caisses. L'Évangile ne nous demande pas de tourner le dos à tout ce monde-là et d'en faire des exclus, des exclus du repas ! Non. Mais, dans le style radical et provocant du Jésus de Luc, on doit comprendre que l'Église fait face à un problème de sélection, un problème de préférences. Disons : d'« option préférentielle », puisque le terme désormais est consacré. Bien sûr, l'Église doit soigner ses bons rapports avec le monde, mais jamais au détriment du sens, de la signification, cette signification profonde que seule l'espérance en la « résurrection des justes » peut vraiment mettre en lumière. L'Église n'a pas seulement à vivre au milieu d'un certain monde, ici et maintenant ; elle prépare prophétiquement, dans les structures du présent, un monde tout autre, un monde sans discrimination ni classes sociales, un monde débarrassé de son mal et de ses ténèbres, bref un « Royaume » (voir plus loin 14,15)... Aux yeux de la société en général, cette image d'une Église qui construit du nouveau, même à contre-courant, devrait toujours prévaloir sur l'autre image, l'image de connivence et de bonne coexistence avec les structures de ce monde-ci. C'est pourquoi l'accueil des marginaux, des exclus — la fête avec les démunis, avec tous les risques que cela comporte — doit toujours l'emporter sur les relations familiales (voir 14,26) et les conventions sociales. Dans ses recommandations aux disciples, Jésus insiste souvent sur ce conflit de valeurs toujours difficile à résoudre mais incontournable. Et là encore, pour notre Église, cela implique plus qu'une simple « option préférentielle » au seul niveau des intentions et des actions : Jésus trace la voie à une spiritualité, une spiritualité d'identification avec le pauvre. Pour dire les choses en caricature, ce serait un peu ridicule que l'Église ouvre aux pauvres les portes de la salle à manger pour leur offrir du caviar et du champagne ! Ouvrir les portes toutes grandes peut entraîner, à la longue, un changement d'image, un changement de style et même de standard de vie...

Un problème de place dans la maison

La troisième parabole, un peu comme la première, pose un problème de place. Mais dans un sens tout différent. Il ne s'agit plus, une fois que la salle est remplie, de distribuer les places à table, mais, cette fois-ci, de remplir une salle vide, une « maison » où, pour le moment du moins, il y a comme trop de place.

À un autre point de vue, cette troisième parabole, un peu comme la deuxième, pose un problème de convives. Mais la question n'est plus de faire le tri entre les invités intéressants et les invités « pas intéressants » — au seul bénéfice des derniers — ; la question est de remplacer les invités intéressants par d'autres, même moins intéressants, parce que les premiers se sont tous défilés l'un après l'autre. Pour des raisons — ou mieux, des prétextes — assez précis : l'achat d'un « champ », de « cinq paires de bœufs » et les impératifs un peu plus romantiques de la lune de miel.

À vrai dire, les raisons invoquées pour décliner l'invitation sont éternellement les mêmes. Encore aujourd'hui, les motifs d'accaparement total n'ont pas changé : premièrement, l'avoir, autrement dit, le capital, les propriétés ; deuxièmement, le travail ; et finalement, les liens affectifs. Aucune de ces valeurs-là n'est mauvaise en soi, bien sûr ; le problème commence quand elles deviennent, disons, trop concurrentielles ! Quand l'argent, les occupations professionnelles et les amours prennent toute la place dans la vie d'un être humain, sa disponibilité intérieure pour vivre sa dimension d'éternité tombe à zéro, même s'il n'est pas du tout mal intentionné... Toutes les raisons sont bonnes pour dire non, ou remettre à demain. Et avec tout cela, la « maison » reste vide et la table risque d'être mise pour rien, au grand déplaisir du Maître ! Au fond, le « serviteur » aurait bien pu répondre aux invités pas intéressés : « Voyons donc ! ton champ va être encore là demain matin ! » — « Laisse reposer tes bœufs une journée ; ça va juste leur donner le temps de s'acclimater un peu à leur nouvelle étable ! » — ou encore « Amène ta nouvelle femme ! ce n'est pas défendu, dans l'Église, de venir souper en couple ! » Généralement, une personne ou un groupe accaparé reste sourd à tous les arguments. En réalité, ce n'est pas l'Église qui exclut ; il y a des gens qui s'excluent eux-mêmes...

Mais alors, pourquoi remplir la salle à tout prix, avec des « pauvres », des « handicapés », des « aveugles » et des « boiteux » ? Tandis que les gens corrects, mais sur-occupés et enlisés dans le matériel, peuvent rater l'essentiel de leur vie chrétienne, les pauvres, eux, de par leur condition, restent toujours disponibles, intérieurement et extérieurement, du fait qu'ils n'ont pas de « champ », pas de « paires de bœufs », ni, dans les pires cas, de liens affectifs stables. Et c'est là qu'intervient le retournement de situation, le renversement total que le « Royaume de Dieu » promet et commence déjà à réaliser : les sans-propriété vont enfin trouver une terre nouvelle, les sans-travail, une dignité, et les sans-amour, une communauté, une famille... N'est-ce pas là que notre projet d'Église, au tournant de l'an 2000, trouve son sens le plus beau et le plus profond ?

Conclusion

C'est le temps de conclure. Revenons un peu au titre qui coiffe ce chapitre : « Une Église du type "table ouverte" ». En partant, l'idée paraît bien belle, mais elle peut être ambiguë, surtout si on prend l'expression pour un slogan. En fait, on pourrait lui donner quatre significations différentes.

De ces significations, il y en a deux que nous mettons en retrait. Non pas qu'elles ne pourraient pas, éventuellement, faire l'objet d'un discernement spirituel utile. Mais elles concernent moins directement le thème retenu en l'occurrence : la situation d'appauvrissement de notre Église.

1. Il y a d'abord le sens eucharistique. On voit tout de suite les grosses questions qui pourraient se poser si nous nous alignions là-dessus : par exemple, l'accès

des divorcés aux sacrements, l'intercommunion avec les protestants, etc.

2. Il y a ensuite le sens eschatologique. La dernière de nos trois paraboles pointe assez clairement dans cette direction, puisqu'elle est déclenchée par la réflexion d'un convive un peu futé : « Bienheureux celui qui mangera du pain dans le Royaume de Dieu. » (14,15) Pour notre Église, ce serait trop facile de tranquilliser sa conscience en reportant dans l'au-delà le rétablissement des pauvres dans leur pleine dignité.

Deux autres significations apparaissent plus fécondes pour notre propos.

3. Une manière prometteuse, pour notre Église, d'être une « table ouverte » pourrait être d'ouvrir à tout le monde la « table » de la Parole de Dieu : la Parole appartient aux pauvres ; elle est un lieu irremplaçable d'ecclésiogénèse, c'est-à-dire un lieu de conscientisation, de solidarité, un lieu de construction d'une Église toute renouvelée en profondeur.
4. L'autre leçon qu'il faut retenir de la parabole touche d'encore plus près la vie quotidienne. Une Église du type « table ouverte » travaillera d'arrache-pied pour ouvrir largement aux pauvres la « table » de la vie, de l'organisation sociale. Le premier pas à faire pour

que le pauvre soit reconnu comme un citoyen à part entière dans notre pays, n'est-ce pas qu'il soit reconnu comme un membre tout à fait privilégié dans l'Église ? Trop souvent le pauvre se réduit à un simple numéro d'assurance sociale, au détriment de sa dignité d'être humain. Pour nous autres, au regard de l'Évangile, les pauvres sont beaucoup plus que des « pas chanceux » qui ont besoin d'une aide spécialisée — des psychologues, des travailleurs sociaux à leur service. Pour nous, les pauvres sont les chouchous de Dieu, les enfants privilégiés de notre Église...

INTÉRIORISATION ET PARTAGE

Une Église qui perd la « première place »
au sein d'une société plus séculière
peut-elle trouver quelque réconfort
dans la première des trois paraboles ?

Une Église qui, éventuellement, ferait moins partie
des « amis » du régime et des « riches voisins »,
ne serait-elle pas portée davantage
à ouvrir sa « table » aux « pauvres »,
à changer son style et ses standards de vie,
et à miser seulement sur la récompense éternelle ?

Comment je réagis, dans ma prière,
face à l'affirmation suivante,
déduite de la troisième parabole :
« Au banquet du Royaume, dans l'au-delà,
les convives sont des pauvres » ?

Sommes-nous conscients
de devoir ouvrir aux pauvres, en Église,
la « table » de la Parole de Dieu ?

Conclusion

Des suites à donner dans les Églises locales et les communautés ?

MARC GIRARD, RENÉ GUAY
ET DENISE LAMARCHE

Le livre que le lecteur tient en main lui aura permis de goûter le contenu d'une session, non pas de discernement spirituel comme tel, mais d'apprivoisement, de sensibilisation à ce type de démarche. Il nous tarde, avant de mettre le point final, d'entrouvrir une porte pour aller plus loin: passer de la sensibilisation à la pratique proprement dite.

Possibilité d'une pratique de discernement communautaire dans notre Église

Il ne faut surtout pas croire que le discernement communautaire soit réservé aux premiers responsables de nos Églises locales, les évêques. Il faut rappeler plus que jamais que l'Église tout entière, par fidélité à Dieu et à sa mission, se doit d'être en situation permanente de discernement. C'est d'ailleurs cette certitude qui incite actuellement nos responsables d'Église, au Québec, à approfondir ce chemin de fidélité au Seigneur.

Le discernement dans l'Esprit n'est pas du tout un chemin de facilité. Mais il devient possible quand une personne, un groupe, une communauté, une Église locale, accepte d'entrer davantage dans la dynamique du Souffle saint pour mieux saisir et comprendre l'intention de Dieu en rapport avec la vie concrète. Cet exercice de discernement devient nécessaire aujourd'hui pour peu que nous cherchions à « prendre la décision la meilleure possible pour le Royaume dans une situation complexe[1]. »

Pertinence d'une pratique de discernement communautaire dans le contexte actuel

Une démarche de discernement communautaire est forcément exigeante mais combien profitable. Dans cet effort spirituel pour accueillir la Parole de Dieu aujourd'hui de manière à y répondre généreusement, personne, au bout de la ligne, n'est perdant. Toutes les personnes participant à une telle démarche accueillent la réponse du groupe comme exprimant la Parole de Dieu pour aujourd'hui. Ces personnes profitent aussi du fruit de l'Esprit : paix, joie, plus grande communion, etc.[2]

1. Roger CANTIN, *Le discernement spirituel personnel et communautaire*, Cahiers de Spiritualité Ignatienne, Suppléments n° 12-13, Sainte-Foy, Centre de Spiritualité Manrèse, 1983, p. 9.
2. Voir *Galates* 5,22.

Une question nous est parfois posée : le discernement dans l'Esprit est-il simplement une mode du moment ? Quand on jette un regard rétrospectif sur l'histoire, il est facile de constater qu'on pratique le discernement spirituel depuis fort longtemps. Si c'est une mode, en tout cas, elle perdure ! Jésus, pour sa part, a fait l'expérience du discernement spirituel lors des tentations au désert au lendemain de son baptême (*Luc* 4,1-13), puis au moment de commencer son ministère (4,16-21), et surtout au moment de son plus grand combat intérieur, l'agonie au jardin de Gethsémani (22,41-44). Paul, lui, souligne à plusieurs reprises l'importance de discerner (*Romains* 2,18 ; 12,2 ; *Éphésiens* 5,8-10 ; *Philippiens* 1,9-10). Nous connaissons aussi l'expertise de la tradition ignatienne qui depuis des siècles a fait ses preuves en matière de discernement spirituel. L'enjeu, de nos jours, est sérieux, complexe, peut-être plus que jamais. Dans les situations difficiles et délicates que nous connaissons aujourd'hui, il n'y a plus de réponses toutes faites. Ce qui était proclamé à voix haute hier est aujourd'hui facilement remis en question. L'Église fait face à de nouveaux défis pour réaliser sa mission aujourd'hui. Tout change rapidement. Or, on sait fort bien que le chemin de la rationalité ne peut pas apporter toutes les solutions. De plus, et c'est heureux, l'autorité n'a plus toutes les réponses. Désormais, nous devons chercher aussi ailleurs. Dans notre recherche, le discernement dans l'Esprit nous permet de nous mettre collectivement à l'écoute de la Parole et d'y répondre par toute notre vie ecclésiale.

Une proposition à certains égards originale

Telle que nous la proposons, l'orientation vers un discernement communautaire trouve sa principale originalité dans le fait qu'elle repose explicitement sur la Parole de Dieu comme sur son fondement. Nous l'avons dit, « la Bible, comme une espèce de télescope Hubble, nous renvoie une multitude d'images de ce que nous sommes, en positif comme en négatif[3]. »

Qu'est-ce que l'Esprit saint nous suggère de meilleur aujourd'hui ? Au tournant de l'an 2000, quelle est l'intention du Seigneur pour l'Église et pour le monde ? Bref, qu'est-ce que Dieu est en train de nous préparer ? Sur ce projet mystérieux et fascinant, ni les sciences humaines ni la théologie pratique ni les réunions courantes de pastorale ne suffisent à dire le dernier mot. Pour découvrir quelque chose du plan de Dieu, pour scruter sa volonté et percer ses secrets, il nous faut plonger au niveau profond du cœur (au sens biblique), lieu de la réflexion, de la méditation, de l'écoute intérieure, de la lucidité, de l'option, de la

3. Voir introduction, p. 9.

décision, de l'adhésion, mais surtout lieu par excellence de la véritable liberté, humaine et spirituelle tout à la fois[4]. C'est là, au niveau du cœur profond, que Dieu s'exprime le mieux, qu'il se dévoile, qu'il parle à la personne. Et à la communauté. Telle est la promesse de Jésus, dans le long discours d'adieu qu'il adresse à ses amis : « Le Souffle saint, celui que le Père enverra en mon nom, lui, vous enseignera tout et vous fera remonter à la mémoire tout ce que je vous ai dit », un peu à la manière d'un souffleur au théâtre (*Jean* 14,26). Et encore : « Lorsqu'il viendra, lui, le Souffle de la vérité, il vous conduira dans la vérité entière ; car il ne parlera pas de lui-même, mais il parlera de ce qu'il entendra et, les choses à venir, il vous les annoncera. » (*Jean* 16,13). Paul en témoigne : « Le Souffle scrute tout, y compris les profondeurs de Dieu. [...] Les choses de Dieu, personne ne les connaît, si ce n'est le Souffle de Dieu. [...] Nous en parlons, non pas en des termes enseignés par la sagesse humaine, mais enseignés par le Souffle, discernant les choses du Souffle [de Dieu] en termes [qui viennent] du Souffle [de Dieu]. » (*1 Corinthiens* 2,10-13)

4. Touchant cette notion biblique du cœur, on consultera au besoin Marc Girard, *De Luc à Théophile. Un évangile fait sur mesure pour notre temps*, Montréal-Paris, Médiaspaul, 1997, p. 95-97.

Pourquoi, donc, un chemin de discernement à base d'Écritures ? Tout simplement pour mieux écouter et répondre à la Parole de Dieu ici et maintenant. Lire, décortiquer, interpréter la Bible, ne suffit pas. Il faut plutôt la porter, la laisser grandir en nous, faire des petits, nous transformer, lui permettre de produire des étincelles de lumière neuve au contact de la vie, de l'expérience quotidienne. « C'est en confrontant la *parole existentielle* et la *parole prophétique* de Dieu que nous discernerons la *parole de Dieu ici et maintenant*, l'appel réel et présent que Dieu nous adresse[5]. »

Ce mouvement, cette orientation, cette réorientation, même, que nous souhaitons et proposons à notre Église, déjà nous l'avons désignée, sur la base d'un récit biblique clef, comme un véritable chemin d'Emmaüs[6].

Deux formes utiles mais différentes de discernement communautaire

En quoi cette démarche peut-elle être utile à notre Église aujourd'hui ? Comme nous l'avons déjà men-

5. John Caroll Futrell, *Le discernement spirituel. Prière et décision*, Foi Vivante n° 341, Paris, Cerf, 1994, p. 13. Les mots en italique le sont dans l'original.
6. Telle est l'intuition de base qui sous-tend tout l'essai de Marc Girard, *La mission de l'Église au tournant de l'an 2000. Un chemin de discernement basé sur la Parole de Dieu — Retraite aux Évêques du Québec*, Montréal-Paris, Médiaspaul, 1997.

tionné, nos Églises locales, dans la réalisation de leur mission, sont confrontées à des situations et des questions nouvelles qui ne trouvent pas facilement de réponses. Le discernement dans l'Esprit, loin d'être réservé à quelques communautés qui en ont expérimenté les bienfaits, pourrait apporter une aide précieuse aux diocèses, aux paroisses, aux congrégations religieuses, de même qu'aux mouvement spirituels et apostoliques.

Ici, il convient d'introduire une importante distinction. En effet, il est deux formes différentes de discernement communautaire qui, dans le contexte actuel, pourraient rendre quelque service à nos communautés chrétiennes. S'il s'agit de certaines orientations de fond à prendre dans la vie de notre Église, qui commandent, à moyen ou à long terme, des ajustements, des changements de mentalité et même, éventuellement, une révision de nos priorités, la première forme pourrait être avantageuse[7]. S'il s'agit plutôt de certains problèmes, questions et enjeux particuliers qui, à court terme, requièrent une décision, on trouvera profit à utiliser la deuxième forme[8].

7. En termes plus ou moins précis, plusieurs parlent, dans ce cas, de « discernement évangélique ».
8. L'école qui s'inspire de saint Ignace de Loyola parle, dans ce cas, de « discernement spirituel » proprement dit.

Discernement communautaire portant sur certaines orientations de fond à donner à notre Église

Dans notre pensée, compte tenu des défis majeurs et délicats qui se posent à l'Église à l'aube du troisième millénaire, la première des deux formes de discernement communautaire est peut-être la plus novatrice. Si, dans nos communautés chrétiennes, on décidait de s'y adonner un peu plus systématiquement, on finirait par modifier une certaine manière de fonctionner en Église. On développerait, lentement mais sûrement, des habitudes, des réflexes collectifs d'ouverture plus grande aux indications du Seigneur. Par quel moyen? Essentiellement, à travers le sacrement de sa Parole écrite, portée au niveau du cœur profond et partagée en Église dans une attitude d'accueil inconditionnel.

Présentement, nous en sommes, chez nous au Québec, à un stade préliminaire de sensibilisation, de promotion, d'expérimentation balbutiante. Le défrichage est à peine commencé. À ce stade-ci, estimons-nous, il importe de ne pas appuyer trop fort et trop vite sur l'accélérateur. Ce sont les initiatives locales, limitées, modestes, qui, si telle est la volonté de Dieu, vont finir par faire boule de neige et créer, à la longue, des habitus communautaires, voire une manière renouvelée de vivre, de réagir et de penser en Église, une manière renouvelée d'organiser, de structurer, d'alimenter nos communautés, pour mieux répondre aux exigences très larges de la mission dans le monde moderne.

D'un point de vue plus pratique, sur quels sujets pourrait porter un pareil discernement communautaire ? Il s'agit, rappelons-le, d'orientations globales, générales. Déjà, l'expérience de la retraite des évêques du Québec, en janvier 1997, a permis de brosser un tableau d'ensemble suggestif des principales questions de fond qui se posent à nos communautés[9]. Rappelons-en quelques-unes :

- Dans le monde complexe d'aujourd'hui, quelles tranches de population l'Église doit-elle rejoindre concrètement (« géographie de la mission ») ?
- Où faut-il investir davantage : dans l'enseignement, l'engagement social, l'accompagnement des personnes et des groupes, ou les célébrations (« économie de la mission ») ?
- Quels sont les complexes et les réflexes qui handicapent actuellement nos communautés et limitent leur bon fonctionnement, leur efficacité (« psychologie de la mission ») ?
- Comment réorganiser nos communautés chrétiennes pour que, dans le respect et l'harmonie, chacun joue son rôle conformément au projet de

9. Voir Marc GIRARD, *La mission de l'Église...*, p. 45-261.

Dieu pour notre temps : les chefs, les prophètes, le peuple, les femmes, les jeunes, etc. (« sociologie de la mission ») ?

- Comment vivre la situation d'appauvrissement, en personnel et en ressources, qui semble affecter présentement plusieurs de nos Églises locales (« spiritualité de la mission : les valeurs fondamentales ») ?
- Dans le projet divin d'ajustement de l'Église aux réalités de notre temps, quelle place la Parole écrite, la Bible, doit-elle prendre (« spiritualité de la mission : les stratégies prioritaires ») ?

À la session de mars 1998, l'Assemblée des Évêques du Québec a décidé de revenir sur une unique question, l'avant-dernière, et d'y focaliser la lentille, comme en gros plan. C'est justement, on l'a vu, l'objet de la présente publication.

Au carrefour de deux millénaires, il nous semble que toutes et chacune de nos communautés ont un besoin accru de se situer directement face à Dieu, face à sa Parole, sous la mouvance de son Souffle, pour porter sereinement ces grandes questions et s'ajuster en conséquence. « En devenant capables d'*ajuster* nos désirs personnels au désir divin sur nous, nous devenons, au sens biblique, des *justes*[10]. »

10. Bernard Lacroix *L'Esprit Saint et l'œuvre du salut*, Montréal, Fides, 1997, p. 119.

Pour compléter la série de questions qui précède, nous dressons une liste d'autres points importants qu'on pourrait soumettre éventuellement à un discernement communautaire sur une base d'Écritures, et qui pourraient amener l'Église chez nous à certaines orientations générales ou même à une révision de ses priorités.

Discernement communautaire sur certains problèmes, questions ou enjeux particuliers qui requièrent une décision

Il est aussi des situations ou questions plus ponctuelles qui, dans notre Église, pourraient bénéficier grandement d'un discernement proprement spirituel. Dans la plupart des cas, certes, on peut présumer que les bonnes décisions pourront se prendre à travers les voies de concertation habituelles (études, analyses de situations, réunions de planification et prise de décisions de type administratif). Mais là où les enjeux sont plus complexes, surtout quand les positions adverses se durcissent et risquent de compromettre l'unité, l'harmonie du groupe ou de l'Église locale, on peut trouver grand avantage à entreprendre une démarche de discernement spirituel proprement dit.

Voici, à titre simplement indicatif, une liste de sujets litigieux ou délicats qui pourraient éventuellement en faire l'objet.

a) Dans notre diocèse ou notre région pastorale

- Doit-on continuer à compartimenter nos diverses pastorales, ou convient-il de les décloisonner ?
- Le réaménagement de nos structures pastorales est-il pensé d'abord en fonction du personnel en place ou en fonction de la mission ?
- Faut-il ériger des paroisses dans les nouvelles zones de développement urbain ?
- Là où les besoins changent et les ressources diminuent, convient-il de fusionner des paroisses ou des services ?
- Convient-il que des prêtres soient responsables, dans un milieu donné, de trois ou quatre paroisses ?

Au niveau du diocèse ou de la région pastorale, nous dressons une liste d'autres questions pratiques qu'on pourrait soumettre éventuellement à un discernement spirituel.

b) Dans notre paroisse

- Là où la responsabilité de la paroisse est confiée à une équipe pastorale, convient-il de maintenir un Conseil paroissial de Pastorale ?
- Pour améliorer les relations et satisfaire aux exigences de la mission, est-il souhaitable qu'un ou plusieurs marguilliers siègent aussi au Conseil de Pastorale ?
- Pour mieux répondre aux nombreux besoins pastoraux, devons-nous engager un homme ou une femme laïque comme agent de pastorale ?
- Compte tenu des difficultés financières, convient-il de garder en fonction tous et chacun des employés de la fabrique ?
- Convient-il de se départir de certains immeubles ? De tel lieu de culte ?

- Faut-il réserver une partie du budget à la pastorale-jeunesse ?

Au niveau de la paroisse, nous dressons une liste d'autres questions pratiques qu'on pourrait soumettre éventuellement à un discernement spirituel.

c) Dans notre congrégation religieuse

- Dans la conjoncture actuelle, devons-nous continuer à recruter de nouveaux membres ?
- Devons-nous ouvrir une ou des maisons de formation dans le Tiers-Monde ?
- Compte tenu de la diminution des effectifs, pouvons-nous prendre le risque d'ouvrir tel(s) nouveau(x) chantier(s) de travail et de mission ?
- Dans la congrégation, faut-il inviter tous nos membres à passer des tests psychologiques ou à vivre une thérapie ?

Au niveau de notre congrégation, nous dressons une liste d'autres questions pratiques qu'on pourrait soumettre éventuellement à un discernement spirituel.

d) Dans notre mouvement spirituel ou apostolique

- Faut-il accorder plus d'attention, plus d'énergie et de temps que maintenant à assurer le ressourcement spirituel continu des personnes engagées dans le mouvement ?
- Est-il souhaitable de modifier la charte de notre mouvement pour l'adapter à certains besoins nouveaux de la société actuelle ?
- Pour une plus grande efficacité, devons-nous modifier la structure de fonctionnement et d'animation ?
- Dans notre mouvement, pouvons-nous accepter sans réserve les personnes divorcées remariées ? Des personnes marginales au plan psychologique ?
- Devons-nous repenser la manière de recueillir des fonds pour la réalisation des projets ?

Au niveau de notre mouvement, nous dressons une liste d'autres questions pratiques qu'on pourrait soumettre éventuellement à un discernement spirituel.

Ces questions surgissent de la vie de tous les jours dans chacun de nos lieux d'engagement. Comme nous le savons, il ne s'agit pas d'entreprendre une démarche de discernement spirituel pour toute question qui se pose, mais bien pour celles qui nous semblent d'une grande importance pour le présent et pour l'avenir. Enfin, n'oublions pas qu'il n'y a pas de discernement spirituel possible sur une question qui n'a pas de réponse ni de débouché possible.

Les ingrédients communs aux deux formes de discernement communautaire

Une démarche de discernement communautaire comporte un certain nombre de points essentiels[11]. Il convient d'en mentionner sept.

11. Pour une présentation intéressante, quoique générale, voir Bernard Lacroix , *L'Esprit Saint et l'œuvre...*, « S'habiliter au discernement spirituel » [chapitre 5], p. 111-135.

Certaines dispositions intérieures nécessaires

Chez les personnes, il est des dispositions requises avant d'entreprendre une démarche de discernement.

- D'abord, la liberté intérieure. Il est important de « vérifier le chemin qu'empruntent nos désirs[12] ». Mon cœur est-il suffisamment ouvert pour accueillir avec une totale liberté les réponses souvent différentes suscitées par la Parole ? Sans cette liberté, toute démarche de discernement se révèle ardue, s'étire dans le temps et risque de se transformer en une mauvaise expérience. Le temps pris pour préparer les cœurs à une plus grande liberté intérieure est autant de temps économisé dans le déroulement de la démarche de manière à en assurer le succès.
- Deuxièmement, on doit compter sur le dynamisme spirituel de chacune des personnes qui participent au discernement communautaire. Il faut un minimum de bonne santé intérieure, d'ouverture à la prière et au partage.
- Enfin, une intégration suffisante au plan personnel permet d'éviter que les blocages psychologiques de quelqu'un ou de quelques-uns rendent difficile,

12. Jean-Guy Saint-Arnaud, « L'indifférence, un préalable au discernement », dans : *Directoire pour accompagner les discernements spirituels*, Cahiers de Spiritualité Ignatienne, Suppléments n° 45, Sainte-Foy, Centre de Spiritualité Manrèse, 1997, p. 109.

voire impossible, la démarche de discernement communautaire.

Un temps de préparation

Une démarche de discernement communautaire ne s'improvise pas. Elle se prépare de longue main. Tout d'abord, il faut le dire, c'est la réalité elle-même qui pose la question. Comment pouvons-nous répondre à la Parole de Dieu ici et maintenant, devant telle situation ou encore face à telle question ? Il est très important de bien cibler la question. Il ne s'agit pas d'essayer, par le discernement, de répondre à toutes les questions qu'un groupe ou une communauté porte, mais bien de choisir l'unique question sur laquelle un discernement dans l'Esprit apparaît important.

Mentionnons ici trois conditions préalables à la démarche.

- Premièrement, il n'y a « pas de délibération communautaire si ne se pose pas une question communautaire qui appelle une réponse communautaire ».
- Deuxièmement, « il n'y a pas de délibération communautaire si tous les participants ne sont pas d'accord sur une visée commune ; si l'on n'est pas d'accord sur les buts, inutile de chercher les moyens ».

- Une troisième condition « suppose que les membres du groupe ont des avis divergents quant aux moyens à prendre, mais qu'ils sont déterminés à trouver un chemin qui les mènera au but[13] ».

L'information

On ne soulignera jamais assez l'importance de l'information. On recueille le plus de renseignements possible afin de bien cerner l'enjeu du problème. Une expérience de discernement communautaire qui se réaliserait avec une information insuffisante ou contrôlée, manipulée, donnerait forcément un résultat biaisé. Peut-on parler véritablement de discernement si l'on ne prend pas le temps d'aller chercher et de partager toute l'information possible ? L'information ainsi recueillie aide également à bien formuler la question ou la proposition qui fait l'objet du discernement.

L'accompagnement

Il est fortement recommandable que le groupe qui se prépare à entrer dans une démarche de discernement spirituel puisse être accompagné par une personne

13. Jean-Claude Dhôtel, *Discerner ensemble. Guide pratique du discernement communautaire*, Vie chrétienne n° 309, Paris, Presses du Louvre, 1987, p. 14-16.

entraînée qui assumera la responsabilité de l'animation. Dans certaines situations concrètes, il peut arriver qu'une condition s'impose pour le choix de la personne : sa neutralité par rapport à la question posée et aux enjeux peut être très aidante et souvent nécessaire. Cette personne veillera au bon déroulement de la procédure et sera attentive au climat qui règne à l'intérieur du groupe. Elle aidera le groupe à se relancer devant ce qui pourrait apparaître comme des culs-de-sac. Enfin, elle fera tout en son pouvoir pour sauvegarder la visée spirituelle de la démarche et ainsi éviter que le tout se transforme en dynamique de groupe ou autre expérience du même genre.

L'éclairage de la Parole de Dieu

« Pour savoir si Dieu a quelque chose à nous dire aujourd'hui, il faut prendre le temps de l'écouter. [...] D'où l'importance de [...] nous nourrir de sa Parole ; car, plus que toute chose, elle permet de discerner en toutes circonstances quel est le désir de l'Esprit et quelle est la volonté du Père[14]. »

Voilà pourquoi nous suggérons de faire, de la Parole portée longuement et amoureusement dans la prière, la pierre d'angle visible de tout discernement communautaire. Il n'est pas de meilleur moyen à notre dispo-

14. Bernard Lacroix, *L'Esprit Saint et l'œuvre...*, p. 124-125.

sition pour nous plonger corps et âme dans un bain de Souffle saint et de sagesse divine.

Mais comment faire, en pratique, pour trouver dans la Bible, tout l'éclairage spirituel voulu ? Au fond, que le discernement communautaire porte sur une orientation générale à donner à notre Église, ou qu'il vise, à court terme, une prise de décision sur un point particulier, cela ne change pas tellement le rapport à l'Écriture. Limitons-nous surtout à deux aspects : le nombre de textes et le choix des textes.

Nous estimons qu'il est prudent, dans une démarche globale de discernement communautaire, de ne pas se restreindre à un seul passage de la Bible ou de l'Évangile. De même qu'au sein de la Trinité, le langage tient de la communication, de la relation, de l'échange, ainsi convient-il de laisser, pour ainsi dire, les textes bibliques s'entrechoquer, dialoguer entre eux, produire des étincelles. D'où le principe spirituel : la Parole s'éclaire par la Parole. Nous suggérons donc, mais sans excès de précision arithmétique, une pluralité de textes bibliques. Et comme la Parole vivante de Dieu pour aujourd'hui comporte non pas un mais deux Testaments, on veillera à ne pas lever le nez trop vite sur les richesses surprenantes et inépuisables du Premier[15].

15. Lors de la retraite de janvier 1997, plusieurs évêques se sont dits étonnés et charmés de la pertinence tout à fait actuelle de nombreux passages de l'Ancien Testament.

Quant à la sélection des textes qui, telle une colonne vertébrale, soutiendront toute la démarche, elle nécessite un minimum de soin. Il faut surtout prendre garde que le choix soit cuisiné d'avance, si subtilement que ce soit, par un ou quelques participants, au service d'une idéologie ou d'un parti pris. Bien entendu, c'est directement à partir de la situation ou de la question ciblée pour le discernement qu'on retiendra tels ou tels passages bibliques. Cela dit, il importe assez peu de jouer au détective pour trouver les meilleurs textes : toute Parole de Dieu, quelle qu'elle soit, porte son potentiel de lumière ; toute Parole de Dieu nous ouvre l'accès au cœur et à la pensée du Dieu Trinité présent dans notre histoire et dans notre aujourd'hui.

Enfin, dans bien des cas, il peut être utile qu'une personne ressource intervienne pour commenter les textes de la Parole de Dieu dans une perspective actuelle. La fidélité au sens original s'impose pour éviter les dérapages et les exploitations tendancieuses.

La prière personnelle

Normalement, le discernement se fait à partir d'une proposition ou d'une question. Une fois celle-ci bien formulée (et expliquée), chacun des participants se retire de son côté ; on s'en remet tranquillement à la prière. Quelle durée ? En général, un temps assez prolongé : idéalement, entre quarante et soixante minutes. Le plus important, c'est de prêter attention aux mouvements intérieurs, réactions, réflexions, émotions, sentiments, suscités par la proposition ou la question, et aussi, évidemment, par la Parole de Dieu elle-même. À intervalles réguliers ou vers la fin du temps de prière, on s'arrête pour mettre par écrit le fruit de la prière.

Le partage

De toute évidence, il n'y aurait pas de discernement communautaire si les participants ne mettaient pas en commun le résultat de leur discernement personnel. On peut distinguer, à l'intérieur de la démarche, trois étapes différentes de partage communautaire : les carrefours d'écoute, les remontées en plénière (s'il y a lieu), et les sessions de partage.

On appelle carrefour d'écoute un partage en petit groupe orienté vers un discernement. Pour une efficacité maximum, on suggère de limiter le nombre à environ une dizaine de personnes. En pratique, on partage ce qu'on a écrit, ou à partir de ce qu'on a écrit. Mais à ce stade, on ne discute pas. On s'écoute simplement les uns les autres, dans une attitude d'accueil et de respect, en essayant de saisir ce que l'Esprit est en train de dire à travers ce qui est exprimé par les participants. Normalement, un carrefour d'écoute peut durer de vingt à trente minutes. Un peu avant la fin, on tente une petite synthèse des principaux points qui sont ressortis et on les consigne par écrit.

Quand le groupe est nombreux, il peut être avantageux de laisser place à une remontée en plénière : celle-ci consiste à mettre en commun les synthèses effectuées dans chaque sous-groupe. Toujours, sans discussion.

La session de partage, par contre, donne aux participants l'occasion d'échanger, de mettre en commun les expériences vécues durant les étapes antérieures : analyse des mouvements intérieurs, expression du point où l'on se trouve, évaluation du parcours effectué depuis le début, etc.

Manière concrète de procéder

Plus précisément encore, comment procéder ? Ici, il nous faut mieux distinguer l'une et l'autre forme de discernement communautaire. Chacune pourra utiliser à sa manière les ingrédients communs que nous venons de présenter.

Le déroulement d'un discernement communautaire portant sur des orientations générales

Si jamais un groupe de responsables, une communauté chrétienne ou même tout un diocèse décide de se mettre à l'écoute de l'Esprit pour mieux s'ajuster aux visées de Dieu du point de vue global de la mission en notre temps, il n'a pas le choix de défricher lui-même un chemin de discernement et, donc, de faire preuve d'une certaine créativité. Les recettes toutes préparées d'avance, qu'on n'aurait qu'à suivre à la lettre et qui répondraient comme par miracle à tous les besoins, n'existent tout simplement pas. Il suffit de bien doser les principaux ingrédients de tout discernement communautaire :

- la préparation (bien formuler la ou les propositions, la ou les questions) ;
- l'information (puisqu'il s'agit, normalement, d'orientations à moyen ou à long terme qui concernent la vie, les valeurs, ou la mission de l'Église en général, on pourra s'aider, au besoin, de documents officiels, de résultats d'analyses, d'enquêtes, d'éléments de réflexion théologique, etc.) ;
- l'approfondissement de certains textes de la Parole de Dieu, dans des temps forts de prière personnelle ;
- et les différentes formes de mise en commun (carrefours d'écoute, plénières, sessions de partage).

Ici, il s'agit plutôt de se sensibiliser, de se conscientiser communautairement, de paver la voie à des consensus, des décisions dans l'ordre des orientations et des priorités. La démarche de discernement, en l'occurrence, peut être longue, patiente ; elle peut même devenir, à la limite, un état, une manière habituelle et constante d'être et de fonctionner en Église.

Le déroulement d'un discernement communautaire portant sur des questions particulières devant mener à une décision

S'il s'agit plutôt de décisions à prendre, à court terme, sur des sujets particuliers, les étapes du discernement sont, à vrai dire, plus faciles à mettre en ordre et à décrire. On a le grand avantage, en la matière, de bénéficier d'une méthode bien éprouvée au cours des siècles, mise au point par l'école qui s'inspire de saint Ignace. Elle n'a rien d'une formule magique, qui garantit un succès total. Les personnes désireuses d'approfondir le sujet trouveront facilement d'excellentes sources bibliographiques[16]. Contentons-nous ici d'un schéma-synthèse.

a) Temps de préparation

Il faut surtout veiller à bien formuler la proposition ou la question. Celle-ci, en l'occurrence, exige une réponse

16. En plus des quelques volumes que nous avons déjà cités, on pourra consulter le *Directoire pour accompagner les discernements spirituels*, Cahiers de Spiritualité Ignatienne, Suppléments, n° 45, Centre de spiritualité Manrèse de Québec, Sainte-Foy, 1997.

aussi précise qu'un oui ou un non. « Le problème devrait, la plupart du temps, être posé par la vie, par une situation qu'on est appelé à vivre et qui peut modifier le mode de vie ou la structure du groupe. [...] Il s'agit d'un cas particulier où le groupe doit prendre une décision[17]. »

À ce stade, nous recommandons qu'une ou quelques personnes proposent déjà au groupe un certain nombre de textes bibliques, de l'un et l'autre Testament, susceptibles d'éclairer la problématique et de mettre les participants en contact quasi sacramentel avec le Dieu Trinité, Père, Parole et Souffle.

b) Démarche proprement dite en huit étapes

Quant à la façon concrète de vivre l'expérience du discernement spirituel, nous reprenons ici en bonne partie et de manière résumée les principales étapes présentées par un spécialiste de la question[18]. Pour notre part, nous tenons seulement à souligner encore plus explicitement le rôle primordial de la Parole de Dieu, à la base et tout au long de la démarche.

17. Roger Cantin, *Le discernement spirituel personnel et communautaire*, Cahiers de Spiritualité Ignatienne, Suppléments, n° 12-13, Sainte-Foy, 1983, p. 89.
18. Gilles Cusson, « Le discernement communautaire », dans : *Directoire pour accompagner les discernements spirituels*, p. 139-143.

- Première étape : l'information.
- Deuxième étape : un temps consacré à la prière personnelle. Il s'agit ici de laisser surgir les raisons « pour » la proposition ou la question soumise au discernement [si l'on préfère, on peut se situer plutôt, à ce stade-ci, du point de vue des raisons « contre », si le groupe ou l'accompagnateur en a décidé ainsi]. On prête attention aux mouvements intérieurs suscités par les raisons « pour » [ou, le cas échéant, « contre »] : que se passe-t-il en moi, quels sont mes sentiments, quand telle ou telle raison apparaît ? Et on écrit.
- Troisième étape : un premier carrefour d'écoute, qui permet de partager les fruits du temps de prière.
- Quatrième étape : retour à la prière personnelle, sous l'autre aspect de la proposition ou de la question [si on a d'abord laissé surgir les raisons « pour », on examine maintenant les raisons « contre » ; ou vice-versa].
- Cinquième étape : un second carrefour d'écoute, qui permet à nouveau de partager les fruits du temps de prière qui précède.
- Sixième étape : les sessions de partage, ouvertes à quelque échange et discussion. À la fin de cette étape, le groupe décide s'il est prêt ou non à prendre une décision. Il peut aussi choisir de retourner à la prière, de se retrouver de nouveau en carrefour

d'écoute et de vivre d'autres sessions de partage jusqu'à ce qu'il soit prêt à prendre une décision.

- Septième étape : la prise de décision. Quand chacune des personnes participantes se sent prête, on retourne à la prière en présentant au Seigneur l'ensemble de la démarche ; chacun formule par écrit sa réponse ou son vote, assorti des principales raisons qui le motivent. La décision doit être unanime ou majoritaire, selon ce qui avait été décidé préalablement. Ce qui est visé, c'est donc le consensus, si possible. Mais qu'il y ait ou non consensus dans la prise de décision, l'acceptation finale, elle, doit être unanime.
- Huitième étape : la confirmation. La prière communautaire est un excellent lieu de confirmation qui fait expérimenter une plus grande fidélité à Dieu dans la paix, la joie et l'unité. La célébration eucharistique est aussi un lieu privilégié de confirmation : quand le groupe peut se retrouver autour de la table de la Parole et de l'eucharistie, le partage de la Parole et l'action de grâce communautaire deviennent des lieux privilégiés de cette confirmation. Par la suite, selon les situations, la confirmation peut aussi venir de l'autorité. Un certain temps après la prise de décision, il est heureux, si possible, que le groupe ayant participé au discernement se retrouve pour partager comment la

décision s'incarne dans la vie et comment la vie confirme cette décision.

Prospective

Voilà, en résumé, comment pourrait se dérouler concrètement une démarche de discernement communautaire. La pratique, au fil du quotidien, pourra, à la longue, contribuer à perfectionner la manière de procéder et à mieux l'adapter aux besoins de l'Église actuelle. Pourquoi la porte ne s'ouvrirait-elle pas à une saine créativité ? N'oublions jamais que discerner, c'est entrer dans une aventure spirituelle. Nous en sommes là, aujourd'hui, désireux que nos choix rejoignent et reflètent la volonté de Dieu pour son Église en notre temps. Quand nous acceptons de procéder par mode de discernement, nos décisions nous font expérimenter la paix, la joie et la communion des cœurs. Merveilleuse mise en marche pour mieux réaliser la mission de l'Église au tournant du troisième millénaire !

Table des matières

AGMV MARQUIS
Québec, Canada
1999